＼そうだ！／
幸せになろう

人生には、こうして奇跡が起きる

誰もがもっている
２つの力の使い方
The power within us all

晴香 葉子

青春出版社

なんて幸せなんだろう!
毎日　そう思う

はじめに

あなたの持っている最強のパワー

自分らしく元気に、楽しく働き、幸せな人生を送りたい。

これは、多くの人に共通した願いです。そして、このような願いは、日本に暮らす私たちにとって、叶う可能性は十分に高く、手の届く範囲の願いでもあります。

あなたは、すぐにでも幸せになることができる。

しかしどこか、遠い誰かの話のような気がするのは何故《なぜ》でしょう。日本の幸福度*1は5・92ポイントと先進国最下位です。

さしあたって仕事もあり、そこそこ健康、ある程度欲しい物も手に入り、贅沢とはいかないまでも毎日食べたい物を食べている。趣味と呼べそうなことも少しはあるし、夜は清潔な布団で眠っている。それでもまだ、はっきりと「幸せだ！」とは言い切れない、グズグズとした心の重み……。喉《のど》のあたりに刺さったままの小骨や、指先に小さく残ったままの棘《とげ》のように、致命的ではないが厄介で、人を苛立《いらだ》たせ、心を曇らせるもの。「幸せになるのは難しい」と繰り返し私たちに感じさせる何か。その原因のひとつに、〝身近な人間関係〟があります。

上司、部下、同僚、恋人や配偶者、親や子、友人などの関係、保護者会、趣味やお稽古の場であっても、身近な人との間に何らかの引っ掛かりがあると、幸せという言葉がどうもしっくりこないのです。成功者と呼ばれるような人であっても、どんなお金持ちでもそうです。人が「自分は幸せじゃない」と感じるとき、身近な誰かとうまくいっていないことが多いのです。

日本では社会的な孤立も深刻です。15歳における孤独感[*2]は世界1位の高さで、2

位のアイスランドのおよそ3倍。ほぼ3人に1人が孤独感を感じていることになります。成人男女の社会的孤立も世界1位で、特に男性が顕著です。[*3] 働く人の2人に1人以上が強いストレスを抱え、その大きな原因が人間関係にあります。[*4] 家庭内における不和、生涯未婚率も上昇。日本はかつてない対人ストレス社会に突入し、生きづらさを感じている人はとても多いです。

しかし、ここには、私たちの多くが見落としている、重大な真実が隠れています。

私たちは、〝人とつながる力をもともと持った状態〟で生まれてくる。

赤ちゃんは、生まれて間もなく、「笑い」という概念も知らないうちから、本能的に母親へ微笑みかけるし、[*5] 幼い子は、何かしてもらったときよりも、自分が誰かに何かしてあげたときのほうが、幸福度の高い表情を見せます。[*6] 潜在的に私たちの中には、人とつながる見えない力があり、ほとんどの人は、生まれながらにして、人とつながることにおいて天才です。けれど、情報過多で生き方の多様化した現代社会では、多くの人が、その力に気づいていない、または、使いこなせていないのです。

人とつながる力、人類最強のパワーをあなたは既に持っている。ただ活用しきれていない。

この本では、人によっては封印さえしてしまっているその力を――ちょっと冗談みたいなネーミングだけれど――「ハピネスパワー」と呼び、覚醒方法を紹介しています。その方法はとても簡単で、どれも1分もかかりません。どこか別のところを探す必要もないし、何か特別なことをする必要もありません。努力もいらないし、資格試験もない。既に持っている力に気づいて、ただ引き出すだけ。既に持っているということを知って、使い始めるだけでいいのです。

使い始めてみれば、驚くようなことが次々に起こります。泉からコンコンと水が湧き出てくるように、幸せなエネルギーが体中に溢《あふ》れてきて、物事が不思議なくらいうまくいくようになります。

「何かいいことでもあった？」

誰かから、このような声をかけられるかもしれません。

「特に、何も！」

そう答えるあなたは、実に幸せそうなエネルギーに包まれています。そしてきっとこう思うでしょう。

「もっと早くに気づいて、もっと前から使っていればよかった」


まるで魔法のようだと感じるかもしれないけれど、この本で取り上げるのは、そういったものとはある意味対極にある、いたって現実的な話です。あなたを包む幸せエネルギーも、言ってしまえば、ホルモンバランスの変化によるところが大きいと言えます。この本で紹介する事柄の多くは、今を共に生きる人たちの体験談[*7]や本音、科学的根拠に基づく情報や応用方法の提案、そしてその実践例です。

人とつながる力・人を排除する力

私たちは、人とつながる力を持って生まれてきます。しかしまた同時に、人を排除する力も持って生まれてきます。この本では、聞こえの良い話ばかりをするつもりはありません。実のところ、つながる力よりも排除する力のほうが、どうやら優勢です。

あなたが、既に親しい何らかのグループの一員で、数人で楽しく話していたとします。すると、見知らぬ誰かがその輪に入ってこようとしました。それも何の断りもなしに。そのようなとき、あなたの心に点きやすいのは、警戒ランプのほうです。「コイツは誰だ?」と。

もしかしたら、輪に入ってこようとしたその人のほうが、グループの誰よりも善人であるかもしれないのに、そのような考えはなかなかひらめきません。人は、自分が誰かと親しげにできているとき、つながるチャンスを見逃すことに鈍感なのです。

心のダークサイドとハピネスサイド

私たちの中にある、人に対する心は、大きく2つのエリアに分かれています。ひとつは、つながることに適したエリアで、関係を深め、助け合い、お互いを思いやるハピネスパワーに満ちています。

このエリアをこの本では心の「ハピネスサイド」と呼びたいと思います。

ハピネスサイド＝助け合い、思いやる、つながることに適した心のエリア

もうひとつは、排除に適したエリアで、人を疑い、警戒し、敵視し、時には欺《あざむ》き、時には貶《おとし》め、自分さえ安泰ならばそれで良いと考える意地悪なエリアです。誰か仲間外れになっている人を見ると、なんだかホッとしてしまうことすらある、驚くほど残酷なダークパワーに満ちています。

このエリアを心の「ダークサイド」と呼びます。

ダークサイド＝疑い、警戒する、排除に適した心のエリア

私たち人間は、そこまで屈強とは言えない身体つきでありながら、地球上で食物連鎖のトップに君臨しています。それは、仲間とはしっかりとつながり、協力し、敵視すべき存在はとことん淘汰してきた、何世代にも亘《わた》る長い営みの成果でもあります。

そしてかつては、つながるべき存在、排除すべき存在がわかりやすく、人によって、ハピネスサイド、ダークサイド、どちらを活性化すればよいかも明確で、さして混乱することもなく、ハピネスパワー、ダークパワーをうまく使い分けることができていました。

しかし、ホワイトカラーと呼ばれる人が増え、グローバルな情報化社会に入ると、生き方も多様化し、働く環境、住環境、家庭環境も流動的になり、敵か仲間かの区別がつき難くなってきました。仲間だと思っていた人が実は敵だった、ということもあるし、あちらかと思えばこちらへ、コロコロと簡単に寝返る人もいます。表面的には

問題なさそうに見える人や環境であっても、よくよく考えてみれば、どこか油断なりません。それに私たちは、そもそも「誰とつながるべきか」という判断は、どちらかというと苦手で、よく見誤ってしまうのです。

誰をとっても100％安心とはいかない人間関係に身を置いていると、ダークサイドばかりが、忙しくなってしまいます。

とにかく自分だけは、はじかれないように
適度な距離感を保って
とりあえず、ここはこう言っておこう
もしかしたら私は、裏切られているのではないか
気の毒だが、巻き添えだけはゴメンだ

ダークサイドが絶え間なく活性化し、オーバーワーク気味になる一方で、ハピネスサイドは出番を失い、すっかりおとなしく、シンと静まり返ってしまいます。凍り付

いたように冷え切っている人もいます。こうなるともはや、ハピネスサイドは機能停止状態、お休みモードです。

しかし、ここにもうひとつ、私たちの多くが見落としがちなことがあります。

私たちは、これまでの人生の中で、つながるべき良い人間と、既にもう何人か出会っている。

そう思えなかったのは、ダークサイドが活発すぎて、ハピネスサイドの感度が低下していただけの可能性があります。だから、あなたが今、誰かとうまくいっていなかったり、過去の出来事に思い悩んでいたり、これから始まる人間関係に不安を感じていたとしても、もう大丈夫です。ハピネスサイドの感度を上げて、活性化させるスイッチをオンにすればいいのです。その方法は、あなたが今手にしている本に書いてあります。

この本では、ハピネスサイド、ダークサイド、それぞれの特徴やメリット、注意したほうが良い点についても触れながら、ハピネスサイドを目覚めさせ、ハピネスパワーを発動していく方法を紹介します。具体的な行動の例も、「あなたの人生に奇跡を起こす！　30のハピネス習慣」として巻末にまとめました。誰とつながるべきかの判断基準についても、ヒントとなる情報をちりばめています。

・私たちの人に対する心には、大きく分けて2つのエリア〈ハピネスサイド／ダークサイド〉がある
・ハピネスサイドはつながることが得意で、ダークサイドは排除が得意
・ハピネスサイドよりもダークサイドのほうがどうやら優勢
・現代社会では、ダークサイドばかりが忙しくなりがち
・ハピネスサイドのパワーを発動すれば、ダークサイドのパワーは穏やかにほどよく安定する

私たちが既に持っている〝つながりの力〟、その機能を知って、すぐに活用しましょう。

つながりたいと思う相手はもちろん、必要があれば誰とでも心地よい関係を築き、心穏やかに楽しい毎日を過ごしましょう。それは、一人で過ごす時間の充足感も高めます。

そして、最終的に目指すゴールは……、そうだ！　幸せになろう。

あなたの中にも、私の中にも既にある、「心のハピネスサイド」へようこそ。

『そうだ！　幸せになろう　人生には、こうして奇跡が起きる』

目次

はじめに……4
心のハピネスサイドへようこそ

あなたの持っている最強のパワー……4
あなたは、すぐにでも幸せになることができる
人とつながる力、人類最強のパワーをあなたは既に持っている。ただ活用しきれていない

人とつながる力・人を排除する力……9
私たちの心にある2つのエリア

心のダークサイドとハピネスサイド……10
ハピネスサイド＝助け合い、思いやる、つながることに適した心のエリア
ダークサイド＝疑い、警戒する、排除に適した心のエリア

第1章
人生を分ける2つの力……27

奇跡を起こす心のドア……29
これから進む人生には、奇跡を生むたくさんの出会いが待っている

心地よい関係を引き寄せる力……33
ネガティブな影響は最小限に。幸せな影響は大々的に活用する

楽しく穏やかな日々と暗く重苦しい日々を分ける、心のエリア……35
楽しく穏やかな日々と、暗く重苦しい日々を分ける鍵は、私たちの中にある

第2章
孤立不安……39

中学→高校→大学と、注がれるまなざしの変化……41
学校やクラスで、ポツンとなることがあっても、実は何の問題もない
人は、「一人でいること」ではなく、「独りぼっちだと思われること」を恐れる

身寄りのあるふり……44
一人で生きたい人も、「独りぼっちだと思われること」は避けようとする
早まった結婚……46
孤立不安が強まると、つながる相手の選び方を間違えてしまう
孤立不安は、進化の置き土産……50
私たちの心身の特徴は、まだ現代的な生活に追いついていない
ハピネスパワーのポイント　その❶……53
孤立不安は進化の置き土産。私たちの心身の特徴が、まだ現代的な生活に追いついていないだけ。ポツンとすることがあっても大丈夫
孤立不安にある幸せな力……53
孤立不安は、私たちが、人を頼り、助け合うことを促進する
ハピネスパワーのポイント　その❷……55
孤立不安は、誰かを頼って！　というメッセージ。
助け合い、つながり合うためのハピネスパワーに変える

第3章
嫌な記憶……57

老人1名……59
プライドを傷つけられた、という体験は、強く記憶に残る

残る記憶、残らない記憶……62
ポジティブな体験よりもネガティブな体験のほうが、記憶に残りやすい
人生で体験する無数の良い瞬間は、記憶からこぼれ落ちていく

結果が出せない……65
人は、悪い記憶ばかりを検索してしまう

記憶の連想ゲーム……67
記憶の連想ゲームは、今の心の状態を変えてしまう

記憶と観察……69
多くの人は、記憶について、戦略を持たずに暮らしている
ただ見るのではなく、観察すると、日々の生活は幸せな体験に満ちている

ハピネスパワーのポイント　その❸……71
日々の暮らしを〝観察〟して、記憶すべき、幸せな出来事をたくさん見つける
記憶と動機付け……72
動機付けが伴った記憶は、長く残りやすい
ハピネスパワーのポイント　その❹……73
左の手のひらに、幸せの記憶フォルダーを携帯する

第4章

天敵

……75
リストラ工場……77
いつ自分に矛先が向くやもしれぬという不安
美しきラスボス……80
気にしなければいい、そう頭でわかっていても……
天敵から逃げ切る力……83
脅威に感じる人がいても、多くの場合、それは一時《いっとき》のめぐり合わせ
居心地の悪さは、私たち自身で、ある程度コントロールできる

臆病さという生き抜く力……86
〝臆病さ〟は、余計な衝突を避け、生き残っていくために、プラスに働く
ハピネスパワーのポイント　その5……89
臆病さは、生き抜いていくための力。
できる範囲で快適に、自分らしく、泳ぎ続けていけばいい
苦手意識と反抗心……89
「はい」と答えることは、負けることではない
その場をほんの少し、良い場所にしてから去る……91
安心感の情動伝染は、自動的に起こる
ハピネスパワーのポイント　その6……94
当たり前のように過ごしている場で、自然で軽やかな声をかける

第5章

気持ちのすれ違い……95

嫌なら言ってくれればいいのに……97
全員が思いやりのある善い人でも、気持ちがすれ違うこともある

なんだ、そういうことね……99
事情を伝えるタイミングが、ちょっとうまくいかなかっただけ
すれ違いを生む2つの反応パターン……102
誰かを〝嫌だ〟と思い込んだとき、改めて自分の行動を振り返ってみるということをしない
10年の信頼関係にひび……104
直感的に下された判断を理詰めで覆すのは難しい
言葉ではなく、直感的に伝わる感情を変える
HPPハピネスパワーポーズ……107
優しく親しみのある気持ちでいることを瞬間的に伝える
〝両腕を広げ、手のひらを開き、少しうつむき加減で、優しく微笑む〟
ハピネスパワーのポイント　その❼……109
穏やかな笑顔には、直感的に心をつなぐ力がある
関係修復の心理効果……112
相互的で共同関係的な関係は、生活に安定感と快適さをもたらす

ハピネスパワーのポイント　その❽……113
ソフト・インテリジェンスなポーズは、受け入れ合う感性を高める

第6章
見誤り……117

ハピネスサイドのリスク……119
幸せ気分に夢中になっているときは、不測の事態を想定することを拒む

新しい家族……121
思いがけない幸せな日々と、起きてしまったことを受け入れる日々

ダークサイドは大切なものを守る……123
信頼と期待を寄せた上で、あらゆる可能性を検討する

ハピネスパワーのポイント　その❾……126
大事な判断をする際は、心のダークサイドにある〝要確認〟ランプも点灯する

第7章

悪口・評判、階級社会……127

ハピネスサイドの住み心地……129
ポジティブな感情は、幸福な刺激に向かわせ、心身を元気にする

悪口は言うのも聞くのも嫌い……131
ずっと生き辛さを感じ、目立たないように過ごしている

気になる口コミ……133
人生が開けるチャンスを前にして、すっかり気弱に

言葉による危険回避……134
経験した情報を言葉で伝え合うことで、生存率が高まる

評判という社会規範……136
いったい何が正しくて、どのような考えを参照すればよいのか

あの人、ずるい……138
現状について、「不公平だ！」「理不尽だ！」と思う

不公平回避……140
損をしたときだけでなく、得をするときにも、居心地の悪さを感じる
幸せを分かち合うことで得られる、幸せのその先にある幸せ

祈りの心理効果……144
祈りには、ネガティブな思考をストップさせ、心を穏やかにする効果が。
相手の健康にもプラスに

ハピネスパワーのポイント　その⑩……147
ネガティブな情報やマイナスな感情が押し寄せてきたら、そっと誰かの幸せを祈る

第8章

出会いの奇跡、心の変化……149

心のギアチェンジ……151
心のパワーをハピネスサイド寄りのギアに

ピアノ教室……153
明るい色の服と新しい出会いから広がった夢

本文デザイン　岡崎理恵
カバー写真　yarruta©stock.foto

第1章

人生を分ける2つの力

ひとつの幸せのドアが閉じるとき、
もうひとつのドアが開く

―ヘレン・ケラー―

1880-1968 アメリカ合衆国の社会福祉事業家
生涯をかけて教育と福祉、平和に尽力した

奇跡を起こす心のドア

人と人との出会いには、奇跡を起こす力があります。

三重苦の障害を負った少女ヘレン・ケラーと、彼女の家庭教師として迎えられたサリヴァン先生との出会いは、盲聾唖《もうろうあ》であったヘレンの心をわずか数日のうちに開き、たったひと月ほどで、言葉という概念のひらめきをもたらしました。そしてその翌月には、ヘレンは点字を使った本も読めるようになったのです。この奇跡のエピソードは映画にもなり、長い間、世界中に勇気を与え続けています。二人は生涯を通して深い絆で結ばれ、今は、ワシントン国立大聖堂のお墓で一緒に眠っています。

ひとつの幸せのドアが閉じるとき、もうひとつのドアが開く。

これは、ヘレン・ケラーの言葉ですが、その後にこう続きます。

しかし、よく私たちは閉じたドアばかりに目を奪われ、開いたドアに気づかない。

人生では、ひとつの素敵な出来事が終わってしまっても、また次に別の素敵な出来事がちゃんと待っています。人の出会いもそうです。ひとつの関係が終わっても、また次に別の出会いが待っています。ヘレン・ケラーとサリヴァン先生のように、世界中に感動を与えたり、映画になったりすることはなくても、私たちが進む人生には、奇跡を生むたくさんの出会いが待っているのです。

あなたがこれから進む人生には、奇跡を生むたくさんの出会いが待っている。

ただし、既に閉じてしまったドアのほうにばかり気を取られていると、新しいドアの存在には、気づきにくくなります。

また、私たちの人生では、既に閉まったドアが全て、幸せなものであったかといえば、そうとも限りません。こちらから勢いよくバタン！　と閉めたくなるようなドアも、いくつかあったのではないかと思います。私たちの暮らす、都会的で近代的な今の社会は、人を萎縮させ、嫌な気分にする出来事も日常に溢《あふ》れているからです。

支配的で、威圧的に関わってくる上司
愚痴や悪口ばかりの同僚
競争を強いられる場で、結果の出せない日々
「お友達はできましたか？」と当然のように訊いてくる担任の先生
口先ばかりの友達
思うように動いてくれないパートナー
公共の場で声を荒らげている人
不安感を煽《あお》るような情報や広告
インターネット上で見かける残酷なニュース
卑劣な誹謗《ひぼう》中傷

このような出来事に囲まれていると、出会いという奇跡を信じる気持ちは抱きにくくなりますし、恐怖心や不信感はどんどん膨《ふく》らんでいきます。周りの様子を過剰にうかがったり、理不尽なことも黙って飲み込んだり、なんでも一人で抱え込むようになっていく人もいます。

相手の言葉一つひとつに、過剰に反応するので、行き違いや思い違いも増え、些細《ささい》なトラブルや心配事が絶えません。

私、今日、大丈夫だったかな

私の言い方、変じゃなかったよね

あの人、絶対におかしいと思うけど、僕から言うのはやめておこう

理不尽なことからは目を逸《そ》らし、サラッとあくまでも表面的に、とにかく無難に関わる術《すべ》ばかりが備わっていきます。

そうなると、せっかく開かれている新しいドアがあっても、スッと素通りしてしまいます。

心地よい関係を引き寄せる力

嫌な気分になる出来事が続くと、なかなか意識を向けるのも難しいのですが、ちょっと肩の力を抜いて見渡してみれば、人を優しく後押しし、心地よい関係を引き寄せる出来事も、私たちの身近な生活の中に、たくさん見つけることができます。

ちょっとしたミスを慌てて訂正したときに「私もよくやっちゃうのよ」と同僚が声をかけてくれる

キッチンで食器を洗いながら歌を口遊《くちずさ》んでいたら、コップを取りにきたパートナーも同じ歌を口遊みはじめる

ふとした会話の中で、以前の出来事について改めて、「あの時は本当にありがとう」と伝えられる

楽しいことに誰かを誘う、誘われる

席を譲り合う場面を目にする
テレビをつけたら、外国の美しい風景が映っていた
良かった出来事を思い出しながら、一人でリラックスした時間を過ごす

幸せ体験の積み重ねは、心にとって栄養満点のご馳走になります。豊かであたたかな感情を生み、人への抵抗感を弱め、心を開きやすく、相手のことも受け入れやすくします。新しい出会いや今ある人間関係に前向きになり、この先の関係もきっと良いものになると考えることができます。

表面的ではない、揺るぎない信頼関係やしっかりとした協力関係を感じたり、感謝の思いが溢れてきたり、新しいドアの存在にも、気づきやすくなります。

このような状態をキープするためには、様々な出来事から受けるネガティブな影響は、できるだけ、小さく、小さく、なんとか必要最小限に抑え、幸せな影響は、大きく、大きく、思い切り両手を広げて受け取り、遠慮なく大々的に活用していくことです。

ネガティブな影響は最小限に。幸せな影響は大々的に活用する。

そしてこのとき、進化心理学[*8]をはじめとする、心にまつわる様々な研究の成果が、大変役立ちます。

楽しく穏やかな日々と暗く重苦しい日々を分ける、心のエリア

私たちの心には、２つのエリアがあります。

ひとつは、人とつながることに適したエリアで、関係を深め、助け合い、お互いを思いやるハピネスパワーに満ちています。

このエリアが活発に働いている人は、無邪気に笑いかけ、疑心なく頼り、自然に手を差し伸べ、心から感謝し、お互いの健康を望みます。一日が終わり、一人眠りにつ

くときの心も、優しくて穏やかです。

このエリアをこの本では、心の「ハピネスサイド」と呼びたいと思います。数十万年ほども前から、私たちに備わっている機能で、子供の頃は誰しも活発に使っていたものですが、大人になるにつれて、あまり使わなくなったり、すっかりその存在を忘れてしまうこともあります。

このエリアが優勢な人には、ハピネスオーラがあり、パートナーとも安定した愛着スタイル[*9]でつながります。高いレベルの関係安定性と関係満足感があり、お互いの行動について、ポジティブな期待をします。

長い人生の中では、何人かは合わない人も出てくるかもしれませんが、基本的に多くの人と心地よい関係を築くことができます。

もうひとつは、排除に適したエリアで、人を疑い、警戒し、敵視し、時には欺《あざむ》き、時には貶《おとし》め、自分さえ安泰ならばそれで良いと考える意地悪なエリアです。

このエリアが活発に働いている人は、聞く耳をもたず、殻《から》に閉じこもることもあれば、人に不必要な試練を与えたり、足を引っ張ったり、脱落を望みます。一人で過ごす時間であっても、どこか心が安らぎません。

このエリアを心の「ダークサイド」と呼びたいと思います。驚くほど残酷なダークパワーに満ちていますが、その芽は、数億年ほども前から私たちの中にあり、どこか油断ならない今の社会では、終始忙しく活動しています。

このエリアが優勢な人には、ダークオーラがあり、パートナーへも不安定な愛着スタイルで関わります。慢性的に心が満たされず、対人葛藤が起きると、大惨事であるかのように感じ、「ひどい扱いを受けるのではないか」と悲観し、粘着的な行動や過剰な警戒が見られます。人に不快な思いをさせたり、困らせたり。自分からだけでなく、相手からも、距離を置かれてしまうことがあります。

ちょっと周りの人を観察してみれば、どちらかといえばハピネスサイドが優勢な人

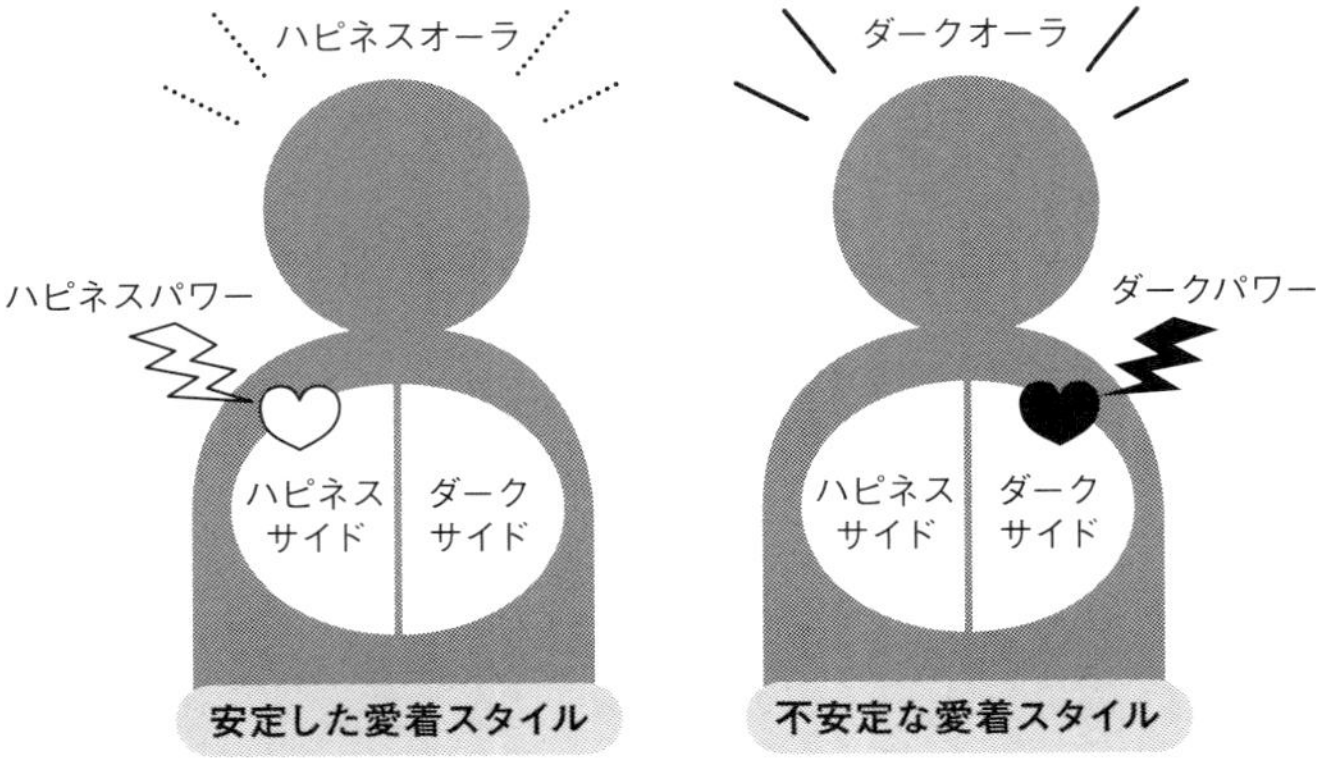

と、ダークサイドが優勢な人に、なんとなく分かれるのではないでしょうか。

私たちの心にある2つのエリア、ハピネスサイド、ダークサイドは、どちらも私たちが生き延びるために必要なエリアで、長い人類の歴史の中で、仲間とは協力関係を築き、敵は倒し、危険を回避するために、大変役立ってきました。

2つのエリアがそれぞれほどよい加減で働いていれば、人生もうまくいきやすいのですが、その配分が崩れてしまうと、様々なトラブルを引き寄せやすくなります。

楽しく穏やかな日々と、暗く重苦しい日々を分ける鍵は、既に、私たちの中にあるのです。

第2章

孤立不安

私がこれまで思い悩んだことのうち、98パーセントは取り越し苦労だった

―マーク・トウェイン―

1835－1910 アメリカ合衆国の作家・小説家

紆余曲折の人生を冒険のように生きた

中学→高校→大学と、注がれるまなざしの変化

高校一年生の頃、いつも一緒にお弁当を食べている友だち皆が、欠席や委員会などで、〝今日のお昼休みは一人になってしまいそうだ！〟とわかったとき、あの感じを今でもなんとなく覚えています。お昼休みが近づくにつれて、耳のあたりが赤く、火照ってくるような焦り……。

一番席の近いグループに声をかけて、一緒に食べさせてもらおうか。でも、嫌な顔をされたらどうしよう。鞄に雑誌も入っているし、読みながらサッと食べてしまえばいいいか。同じ部活の別のクラスの友達に、相談事があることにして、お弁当持って訪ねていこうかな。

どうすれば自然で、変じゃなくて、〝友達がいない子〟だとは思われないか。そのことばかりをぐるぐると考えて、授業の内容はすっかり上の空。

いつものメンバーがいてくれるというのは、なんとありがたいことか！

そのときは、ずっしりと身に染みたものでしたが、今ならば、はっきりと言えます。

学校やクラスで、ポツンとなることがあっても、実は何の問題もない。

実際には、誰かがポツンとしてくれていると、周りはホッとできたりするものですし、一人でお弁当を食べること自体は、何の問題もありません。かえって気楽で、喋《しゃべ》らない分、よく噛むだろうし、変な緊張感もなく、美味しさも感じたり、消化にもいいかもしれません。

問題なのは、〝一人でお弁当を食べること〟ではなく、〝独りぼっちだと思われてしまうのではないか！〟という、注がれるまなざしへの主観的な恐怖心なのです。それぞれが一人で食べている場ならよいのですが、皆がグループをつくっているような場では、「〝あの子は独りぼっちで友達がいない〟とみなされるかもしれない」そう想像することで、自分自身が、苦痛や恐怖心を生み出してしまうのです。

人は、「一人でいること」ではなく、「独りぼっちだと思われること」を恐れる。

お弁当孤立問題による不安や悩みは、男子生徒よりも女子生徒のほうが抱えやすく、高校三年生にもなると、次第に消えていきます。選択授業が増えたり、書類選考や推薦など、早く進学試験が始まる人がいたり、足並みを揃える必要性の低下とともに、一人で行動していることに対するまなざしが、変わっていくからです。

中学、高校、大学と進むにつれて、私たちは、一人でポツンとしているのが苦痛ではなくなっていきます。それは、本人の精神的成長という面も、まぁ、あるとは思いますが、実のところ、周囲から注がれるまなざしの変化によるところが大きいです。

中学・高校では、「お友達がいない」ということが一番の悩みになりやすいのですが、大学ではそのような傾向は低くなります。そしてまた、その後の職場によっては、「親しい人がいない」というのは大きな悩みとなり、「お昼を誰と食べるか問題」について、悩む人も出てきます。

小規模でクローズした集団内における孤立不安。

このような心の負担や恐怖が繰り返されると、不登校や長期欠勤につながったり、強いストレスやトラウマになってしまうこともあります。

身寄りのあるふり

病院で入院している間、お金を払えば、家族のふりをしてお見舞いに来てくれる、という仕事があるそうです。

人を雇わないまでも、入院中に医師や医療スタッフに対して、

結婚したことがないのに、「離婚した」

いない孫を、「海外に行っている」

兄弟姉妹がいないのに、「甥っ子から実の親のように慕われている」

絶縁状態でも、「息子がよくしてくれるけれど、仕事が忙しい」

疎遠になっていても、「嫁がよくしてくれるけれど、来なくていいと言いきかせている」

このような話を聞かれたわけでもないのに、まるで本当のことのように繰り返し話す患者さんがいるそうです。

また、入院が長くなってくると、誰にどのくらいの人がお見舞いに来たかをチェックして、「あの人のところは誰も来ないね」などと話しだす人もいるとのこと。

一人で生きたい人も、「独りぼっちだと思われること」は避けようとする。

普段は、一人暮らしを楽しみ、むしろ一人がいいと思っている人であっても、入院という場面になると、友達のいるふり、身寄りのあるふり、慕われているふりをすることがあります。

日経メディカルオンラインの調査[*10]によると、「医師に嘘をついたことがある」と答えた患者は約6割、「患者に嘘をつかれたことがある」と答えた医師は8割以上。医療現場の欺瞞《ぎまん》については、心理学からアプローチした研究も多く、嘘が見られやすい場ではあります。

食事の内容や体重、体調についての嘘が多いのですが、入院中の状況や環境によっては、架空の家族の話をすることで、少し気持ちが楽になるということも、あるのだと思います。

早まった結婚

独りぼっちだと思われたくない、孤立不安や恐怖心を感じているとき、私たちは、人を恐れ、警戒する心のダークサイドが活性化します。とにかく誰かとつながっているように見せようとして、嘘をつくこともあれば、リスクのある人や本心では好ましいと思っていない人と、不適切な関係をもってしまうこともあります。

ともこさん（20代・女性）は、社内恋愛をして、なんと同じ相手に3回も振られてしまいました。付き合いだすと、すぐに嫉妬やすれ違いで別れ、やはり思い返してまた付き合いだす、ということを繰り返し、3回目に振られたときには、相手には既に別に好きな人がいました。それからしばらくして、ともこさんは二人が婚約したという話を耳にしました。

婚約の知らせを聞いたとき、ともこさんは口が乾き、胸のあたりから頭にかけて、熱くて冷たい何かがカーッと込み上げてくるような気がしたそうです。おそらく、ショッキングな知らせを受けたことにより、ストレスホルモンやドーパミンなど、体内物質の急激な変化があったのだと思います。

二人の婚約がきっかけになり、ともこさんも、そのとき好意を寄せてくれていた男性と、すぐに結婚を決めました。

前の彼や社内の人たちに、

「〝私も結婚することになった〟と一刻も早く言いたい」

というのが、ともこさんにとって、結婚決意への大きな後押しになりました。

ともこさんが働いている会社は、一流と言われる大企業。前の彼は、有名私立大学出身のエリート社員でした。そして今回、婚約に至った新しい恋人は、前の彼よりも2歳若く、名門国立大学出身の銀行員。

「学歴も仕事も遜色《そんしょく》なく、むしろ社会的ステータスや条件は上だ！」

そう見積もることができると感じていました。

そのときのともこさんは、見返すことができる結婚でもしないことには、どうにも気が収まらなかったのです。

結婚への準備は、順調に進んでいきました。

ともこさんの結婚話がいよいよ具体的になり、新居を借りるのではなく、どうせなら購入しよう、という話が出てきたタイミングで、今度はなんと、前の彼の別れ話が耳に入ってきました。両親の反対もあり、気持ちがすれ違いはじめ、うまく話がまとまらなかったのです。

するとそのとたん、ともこさんは、新居の購入はおろか、

「結婚も少し待ってほしい」
と婚約者に話したのです。

孤立不安が強まると、つながる相手の選び方を間違えてしまうことがある。

ともこさんは、ハピネスサイドではなく、ダークサイドが活性化し、いてもたってもいられない気持ちから婚約を決めたために、このようなことになってしまいました。

誰かを失う不安、失ったということを周りに知られる不安、自分が取り残されているような感じ、当てつけや嫉妬、競争心からの恋愛にあるのは、相手への思いやりや愛情ではなく、自己都合からの強いモチベーションです。話は進みやすいのですが、大変もろく、結果的に、相手の心をもてあそび、深く傷つけてしまうこともあります。

幸い、ともこさんの婚約者は、ハピネスサイドが優勢の、相手の立場になって考えることのできる寛大な人でした。ともこさんのそのような心の揺れも含めて、

「ゆっくり考えたらいいよ」

と言ってくれたそうです。

孤立不安は、進化の置き土産

ハピネスサイドを萎縮《いしゅく》させ、ダークサイドを活性化させるものに、孤立不安があります。

強い孤立不安は、脳の扁桃体《へんとうたい》と深い関わりがあり、哺《ほ》乳類の多くは、孤立すると、不安や恐怖を強く感じ、扁桃体が激しく活動するということがわかっています。この機能があることで、積極的に孤立を避け、仲間と強い絆をもつことで生存を有利にしてきました。安心して子育てができ、天敵にも立ち向かいやすい、高度な集団生活を実現してきたのです。

孤立不安から受けるダメージは大きく、アメリカ・シアトルの動物園では、感染症の疑いがあったために、１年半ほど仲間から隔離されて過ごしたチンパンジーが、その後深刻なストレス状態になり、うつ病のようになってしまったという報告もあります。[*11]

哺乳類として進化し、狩猟を始め、仲間と協力しながらサバンナで暮らしていた人間にとっても、孤立というのは、猛獣からの攻撃を受けやすい〝食べられてしまうリスク〟、食べ物のシェアに参加できなくなる〝食べられなくなるリスク〟、その両方がグンと高まる、大変危険なものでした。

そうか、そんなに危険なら仕方がない、そう納得してしまいそうですが、でも、ちょっと待ってください。今は、狩猟採集時代ではありません。私たちの暮らしは、サバンナから都会的な暮らしへ、住居も安全で立派なものに変わり、冷蔵庫もあります。コンビニエンスストアが近ければ、24時間、手軽に食べ物を購入することもできます。〝食べられてしまうリスク〟、〝食べられなくなるリスク〟、どちらもすっかり激減しているはずなのに、なぜこんなにも、孤立不安の威力は大きいままなのでしょうか。

ひとつには、農耕がスタートしてから文明が急速に発展し、衣食住の環境も劇的に変化したものの、DNAの継承である進化は、何世代もかけてゆっくり進むので、私たちの心身の特徴は、まだ現代的な生活に追いついていないからだ、と考えられています。寿命の長い人間は、それだけ進化にも長い年月がかかります。

私たちヒトの持つ生物学的な特徴が進化してきた環境のことをEEA（進化的適応環境*[12]）と言いますが、ヒト属が誕生してから農耕がスタートするまでは200万年もの長い期間があり、自然淘汰しながらゆっくりと、狩猟採集という生活様式に適応した心の機能がデザインされてきました。しかし、農耕がスタートしてからはまだ1万年ほど。四大文明がスタートしてから、5000年ほど、産業革命から200年くらい。情報化社会と言われて30年。

おしゃれなマンションに住み、電子通信機器を駆使した生活をしていても、身体の構造や心の機能は、狩猟採集時代から、基本的なところが大きく変わっていないのです。

孤立不安は、進化の置き土産。まずは、「今は狩猟採集時代ではない」ということを心得ておきましょう。多少ポツンとすることがあっても、「独りぼっちだ」と思われることがあっても、食べることや命に直結した問題にはならないということを承知して、ひと安心しましょう。活性化していた心のダークサイドがスーッと穏やかに落ち着いてくると思います。

ハピネスパワーのポイント　その❶

孤立不安は進化の置き土産。
私たちの心身の特徴が、まだ現代的な生活に追いついていないだけ。
ポツンとすることがあっても大丈夫。

孤立不安にある幸せな力

孤立不安は進化の置き土産、とお話ししましたが、そのお土産には、悪い面だけでなく、良い面もあります。

孤立不安は、私たちが、人を頼り、助け合うことを促進するのです。

700万年前くらいに、共通祖先から私たち人間と分かれたチンパンジー。DNAの塩基配列は人間と1~2%しか変わりません。似ている点も多いのですが、チンパンジーのお母さんは、赤ちゃんを産むと、基本的に誰かを頼ることもなく、5年もかけてその赤ちゃんを育てることに専念し、独り立ちできるようになってから、次の出産の準備に入ります。*13

人間は?　というと、年子で生まれる兄弟姉妹も多く、まだ授乳が終わっていないうちに妊娠するお母さんもいます。人間には、様々な地域で、母親ではない別の女性が母乳を与えてくれるという習慣が見られます。日本でも、粉ミルクなどの代理乳が得られない時代には、母親に代わって乳を与える乳母という役割がありました。この、生まれて間もない子を他人に預け、共同で保育するという行動は、人間の大きな特徴で、繁栄につながる多産を実現しました。そして、この特徴を支えていると考えられていることのひとつが、孤立不安なのです。

人間の母親は、出産が終わると、エストロゲンというホルモンの値が急激に低下することがわかっています。このような変化によって、孤独や不安を強く感じ、「大変！　なんだかすごく寂しい！」と、産後すぐに誰かを頼ろうとする気持ちが高まるのです。その結果、実際に周囲の人を頼り、子育てへの協力が得やすくなると考えられています。*14

孤立不安は怖いものではなく、進化のプロセスで生まれた置き土産。恐れるのではなく、私たちが助け合い、つながり合うためのハピネスパワーに変えていきましょう。

ハピネスパワーのポイント　その❷

孤立不安は、誰かを頼って！　というメッセージ。
助け合い、つながり合うためのハピネスパワーに変える。

職場で、学校で、帰り道に、ふと寂しさを感じることがあれば、お母さんに電話をかけたり、よく行くカフェに立ち寄って、感じのいい店員さんと短く会話を交わしたり、〝ホッとできるような人との関わり〟をほんの少しでも持ってみてください。

母親と電話で短く話すという実験[15]では、絆ホルモンと呼ばれるオキシトシンが分泌し、安心感が得られることが確認できています。ストレスにならない程度のちょっとした会話で笑顔になると、幸せホルモンと呼ばれるセロトニンが分泌し、精神が落ち着き、楽しい気分になります[16]。

寂しさを感じることは、恥ずかしいことではありません。

忙しい日常の中で、後回しになりがちな、ホッとできるような人との関わり。その時間をつくるためのアラーム信号と捉《とら》えれば、幸せに向かうひとつのチャンスになります。

「人って、いいものだな」

そう感じられる、出来事が増えていきます。

第3章

嫌な記憶

きみは見ているだけで、
観察していないんだ

――アーサー・コナン・ドイル「シャーロック・ホームズの冒険」――

1859-1930　イギリスの作家・医師・政治活動家
騎士で愛国者。心霊の世界で生き続けている

老人1名

たかこさん(60代・女性)は、用事を済ませて、帰宅する途中、乗るつもりだった路線バスが、走りだそうとしていることに気づきました。時計を見ると、発車予定時刻まで、まだ1分あります。待ってくれるだろうと思ったたかこさんは、バス停側へ急いで渡ろうとして、運転席に合図をしながら、不注意に道路へ飛び出し、バスと軽自動車を巻き込む、小さな交通事故を起こしてしまいました。

バランスを崩したたかこさんは、バスの後輪そばに、うつ伏せに倒れ込みました。幸いたいしたことはなさそうだったので、起き上がろうとしたのですが、駅前ということもあり、すぐに人だかりができ、

「おばあさんが倒れてるぞ!」

「おばあさん、大丈夫ですか!」

「おばあさん、救急車呼びますね！」

といった声が聞こえてきたので、しばらく立ち上がるのを躊躇《ちゅうちょ》してしまいました。〝おばあさん〟という言葉が、とてもショックだったのです。

たかこさんの年齢は、60代後半。とても若々しく、おしゃれで、孫もいません。面と向かって〝おばあさん〟なんて言われたことは、これまで一度もなかったのです。

「ああ、そうか」

たかこさんは、うつ伏せで倒れたまま気づきました。

「帽子が脱げて、頭しか見えていないからだ。今月はまだ髪を染めに行っていないから白髪が目立ち、顔が見えないために、そう言われただけだろう」

少し顔を上げて見渡すと、手を伸ばせば届くところに、薄い紫色の上品な帽子が見えました。たかこさんのものです。たかこさんは、手を伸ばして、帽子を取り、被りながら起き上がりました。この姿を見れば、誰もおばあさんとは言わないはずです。

ところが、立ち上がって、顔を見た人たちも、たかこさんが起き上がるのを手伝いながら、

「おばあさん、動かないほうがいいですよ」

「おばあさん、大丈夫ですか！」

口々に声をかけるので、さらにショックを受けてしまいました。

その後、念のために病院へ行くことになったのですが、救急車へ乗り込むときに、無線機を持った男性が、病院に状況を知らせるためでしょう、こう話すのが聞こえてきたのです。

「老人1名」

たかこさんは、すっかり気分を害し、後日、

「〝老人1名〟って、ひどくないですか！ 〝成人〟とか〝女性〟って言うべきですよね」

と繰り返し話していました。

「それに」

たかこさんは、続けました。

「あのバス、発車時刻よりも1分早く出たんです。だから私は悪くありません！」

もしかしたら、何かの理由で、バスが早めに出発してしまったのかもしれません。とはいえ、たくさんの人がたかこさんのことを心配して駆け寄り、とても親切にしてくれたのに、感謝や安堵《あんど》ではなく、プライドを傷つけられたということばかりが、強く記憶に残ってしまったのです。

プライドを傷つけられた、という体験は、強く記憶に残る。

残る記憶、残らない記憶

ドイツの心理学者、ヘルマン・エビングハウスは、アルファベットの羅列を用いて、人がそれらを記憶した後、どのくらいのスピードで忘れていくかについて、実験[*17]を行いました。その結果、20分後に42%、1時間後に56%、1日後に74%、1週間後77%、1カ月後には79%も忘れてしまうということがわかりました。

私たちは、せっかく覚えたことであっても、すぐに大部分を忘れてしまいます。

また一方では、子供の頃に暗唱した詩や百人一首の歌などは、長い間思い出していなかったとしても、口にしてみるとすらすら言えたりします。

記憶は、短期記憶と長期記憶に分かれ、今すぐにかける電話番号のように、ちょっとの間だけ覚えていることができる一時的な記憶を短期記憶、印象的な出来事や繰り返し復習した学習内容など、長期間残り続ける記憶を長期記憶といいます。

一般的に〝記憶〟として私たちがイメージするのは、自分が体験した出来事や思い出を覚えているもので、長期記憶の中の「エピソード記憶[*18]」と呼ばれるものです。

先ほどのたかこさんのように、体験談を人に話すことができるのは、体験したことがエピソード記憶として長く残っているからです。たかこさんは、体験したことをネガティブに捉《とら》え、思い出しては人に話していましたが、人の記憶に残りやすく、繰り返し想起されやすいのは、ネガティブな体験です。

そもそも、人間に〝記憶力〟が備わったのは、危険がいっぱいのサバンナで生活していたときに、どのあたりが危ない場所で、どの動物に注意すべきかを覚えていれば、生存に有利だったからだと考えられています。脳の扁桃体と海馬は連動していて、扁桃体の活動が見られない体験は、海馬でどんどん忘れられていきますが、扁桃体が活発に働くショッキングな体験は、記憶に残りやすいことがわかっています。

ポジティブな体験よりもネガティブな体験のほうが、記憶に残りやすい。

私たちは、起きている間に、ざっと2万もの瞬間を体験していると考えられています。*19 その中で記憶に残りやすいのは、残念な体験をした瞬間です。

人生の中で、実際には、毎日、毎日、たくさんの良い瞬間を体験しているのに、それは〝危険ではない〟ために、記憶からこぼれ落ちてしまうのです。

人生で体験する無数の良い瞬間は、記憶からこぼれ落ちていく。

結果が出せない

みのるさん（20代・男性）は、団体保険の営業を担当しています。大学時代は、運動部で活躍し、人柄も温厚、就職してからずっと良い成績を残してきました。

将来を期待する声も高いエースでしたが、個人の成績ではなく、チームとしての成績を評価する「チーム制」に会社の方針が変わってから、思うような結果が出せなくなりました。

毎日のようにチームでミーティングがあるのですが、月の中頃で、自分自身がまだ良い結果が出せていないと、「足を引っ張りたくない」という思いから、強いストレスを感じるようになり、その精神状態が仕事にも影響するという、悪いサイクルに陥っていました。これまでは、月末にかけて勢いよく追い上げていくタイプだったというのに、みのるさんらしい思い切った営業が、できなくなってしまいました。

また、制度が変わり、成績不振に陥ってからというもの、毎朝のようにあることを思い出すようになっていました。大学時代に体験した試合のワンシーンで、それは、全国大会進出のかかった大事な試合だったのに、最後の最後に、自分のミスで負けてしまったという、就職してから長い間思い出してはいなかった、辛いエピソード記憶でした。

みのるさんは、中学、高校、大学と、たくさんの試合で活躍し、チームにも貢献、胸が熱くなるような素晴らしい体験も山ほどしてきたはずなのですが、そのような記憶を思い出すことはなく、自分がミスをした記憶ばかりを検索して思い出し、自分で自分を追い込んでいきました。

人は、悪い記憶ばかりを検索してしまう。

責任感の強い人や貢献意欲の高い人は、簡単には人に弱みを見せません。このような状況が長く続くと、食欲不振や不眠など、体調を崩してしまうこともあります。

記憶の連想ゲーム

「赤くて美味しいものは？」

という質問をすると、「イチゴ」と答える人がたくさんいます。

「赤い」「美味しい」という２つの情報をヒントに、自分の記憶フォルダーにアクセスした結果、「イチゴ」という言葉やイメージが浮かぶのです。そしてそのとき、人によっては、誕生日ケーキを思い出したり、イチゴ狩りに行った小旅行を思い出したり。またその後は、誕生日を一緒に過ごした人や、一緒に旅行に行った人を思い出し、なぜかふと、昨日目にした映画の広告が頭をよぎり、イチゴの記憶によって思い出された人を「久しぶりに誘ってみようかな」と思ったりします。

記憶は連想ゲームのようで、次に何が飛び出してくるか、予測できないところがありますが、関連したところのある記憶は、呼び覚まされやすく、浮かび上がった記憶は、そのときの感情も思い出させます。

記憶は、もう済んでしまったことなのに、良くも悪くも、今の私たちの心に影響を与えます。

記憶の連想ゲームは、今の心の状態を変えてしまう。

幸せな記憶からスタートすれば、幸せの連想ゲームが続き、心のハピネスサイドが刺激され、幸せな気持ちが膨らんでいきます。

イチゴ→誕生日ケーキ→しばらく会ってない妹→元気かな？→映画の宣伝→妹を

誘ってみようかな↓楽しみ！

ネガティブな記憶からスタートすると、ネガティブな連想ゲームが続き、心のダークサイドが刺激され、暗い気分になり、自信喪失やモチベーションの低下につながってしまうこともあります。

朝だ↓今日も仕事か↓成績不振↓自分のせいで負けた試合↓あのときの嫌な気持ち↓会社での成績不振↓不安や自信喪失↓仕事に行くの、辛いな

記憶と観察

記憶には連想ゲームのようなところがあります。そして、意地悪なことに、ポジティブなものよりネガティブな連想ゲームのほうが起きやすく、気持ちも引っ張られてしまいます。

どうせなら、幸せな連想ゲームをしたいものですが、多くの人は、記憶について、何の戦略も持たずに暮らしています。いつもと同じように一日を過ごし、なんとなく印象に残ったことをただごちゃ混ぜに記憶しているのです。

多くの人は、記憶について、戦略を持たずに暮らしている。

単に大きいだけの殺風景な箱に、壊れたもの、要らないもの、大切なもの、自分の体験談や人から聞いた話、街で見かけたこと、インターネットで知ったことなど、分類も選択もせずにポンポンと放り込んでいるようなもので、何が入っているのかもよくわかっていませんし、後で取り出そうとしても、なかなか見つかりません。

ネガティブな連想ゲームをストップして、幸せな連想ゲームを増やそうと思ったら、記憶フォルダーの管理が必要です。単に大きいだけの箱に何でもどしどし入れるのではなく、いくつかのフォルダーを用意して、意識的に分けて、体験をしまっておくのです。そのためには、最初が肝心です。まずは、ぜひ記憶すべき、幸せな出来事をたくさん見つけることが大切です。といっても、何か特別なことをする必要はありません。いつも通りの自分の暮らしを続けながら、ただ〝観察〟するだけです。いつものお店、いつもの通り道でも、ただ目で見るのではなく、観察すると、良い面に気づきやすくなります。観察してみれば、私たちの毎日は、小さな幸せ体験の連続です。

ただ見るのではなく、観察すると、日々の生活は幸せな体験に満ちている。

良い気分になった出来事
楽しかったこと
見落としていた素敵な事柄の数々

幸せフォルダーに入れるべき幸せな体験を、まずはたくさん見つけてみてください。

ハピネスパワーのポイント　その③

日々の暮らしを〝観察〟して、記憶すべき、幸せな出来事をたくさん見つける。

記憶と動機付け

日々の暮らしを観察して、良い出来事がたくさん見つかるようになったら、次は、その保管場所が必要です。

左の手のひらの上や、左胸のポケットあたりが良いと思うのですが、幸せな出来事を入れておく小さなフォルダーをイメージしてみてください。そこには、観察して見つかった良い出来事の中から、〝ぜひまた後で思い出したい〟というものを入れておきます。

中高生のとき、

「ここは試験に出ます」

と先生に言われると、その個所の記憶力は高まった、という経験はありませんか？

〝後で役に立つ〟

〝これはまた後で必要になる〟

このような情報は動機付けとなり、動機付けが伴った記憶は、長く残りやすくなります。

また、記憶を収めた場所のイメージがはっきりしていれば、検索して呼び出すことも簡単になります。

例えば、落ち込むようなことがあっても、左の手のひらをそっと開いて、幸せの記憶フォルダーから、お気に入りの記憶を検索すれば、幸せの連想ゲームがスタートし、「よし、もう一度がんばってみよう！」

そう思えるのです。

ハピネスパワーのポイント　その❹

左の手のひらに、幸せの記憶フォルダーを携帯する。

私たちが何の戦略もなく、なすがままに記憶している無数の出来事。そのほとんどは、こういっては何ですが、実のところ、将来たいして役に立ちません。

あなたの将来にとって、必ず役立ち、優しい光となる、素敵な出来事にたくさん気づいて、厳選して記憶し、積極的かつ戦略的に活用しましょう。

ネガティブな記憶の連想ゲームが始まりそうになったら、すぐに幸せな連想ゲームに切り替えてしまえばいいのです。

第4章

天敵

世界をほんの少し、良い場所にして去ること

―ラルフ・ワルド・エマーソン―

1803－1882　アメリカ合衆国の思想家・哲学者・作家
コンコードの賢者。講演や著作を通して知的文化を先導した

リストラ工場

かずやさん（30代・男性）は、通信サービスに携わる企業の中間管理職で、都下の支店へ移動になりました。

転勤の多い仕事ではありますが、日本的な伝統と結束力のある組織で、似たような価値観の人が多く、これまでの勤務先では、これといった人間関係のトラブルもなく、過ごしてきました。

「今度の職場も、大きく変わることはないだろう」

そう、かずやさんは考えていましたが、その予想は初日から裏切られることになりました。

悪天候による電車の遅延で、出社時間ギリギリに到着してしまったのも不運でしたが、かずやさんを支店のメンバーに紹介する際に、支店長がこう言ったのです。
「初日から社長出勤とは、先が思いやられますが、早く慣れるように、〝教育〟、じゃあなくて〝協力〟してあげてください」
支店のメンバーの大半は、ドッと笑い、かずやさんは、その笑いを支店長に媚《こ》びるものだと感じました。笑わなかった残りの数人は、肩をすくめ、どういう顔をしたらいいかわからない、といった様子に見えました。

要はこうです。かずやさんが配属になった支店は、支店長がほぼ全権を握っています。嫌味なところのある、意地の悪い支配者です。気に入らない者はみせしめのように恥をかかせ、ことあるごとにからかうということが日常化しています。支配者の周りには、忠誠を誓う一団があり、その一団に入っていないと、仕事らしい仕事は回ってきません。その他の人は、びくびくと遠慮がちに点在し、与えられた業務をおとなしくこなしています。

かずやさんのように、中間管理職者として入り、うまく馴染めなかった人は、既に何人も退社し、リストラ工場とまで呼ばれているということがわかりました。

また一方では、支店の営業成績は良好で、支店長ならではの個性的なリーダーシップのスタイルが、結果につながっているという評価もありました。

決定的なパワハラということはなく、仕事が激務ということでもないのですが、じわじわと精神が病んでいくような空気があり、いつ自分に矛先が向くやもしれぬという不安で、メンバー同士の信頼関係は築きにくくなっているように見えました。

かずやさんも、最初は、どうにかこの雰囲気を変えることができればと、何人かに声をかけてみたのですが、どの人も困ったような顔で、

「私にはよくわかりません」

といった答えが返ってきます。

そのうち、かずやさんも、変化に向けての努力をやめてしまいました。

美しきラスボス

ななみさん（30代・女性）は、以前から希望していた旅行業界の会社に転職を決めました。

今までいた会社にも不満はなかったのですが、年齢を考え、転職するラストチャンスだと感じたことと、面接で会った40代の女性が、とても美人でイキイキとかっこよく、女性が長く働ける環境が整っているという印象を受け、思い切って決断したのです。

ところが、入社してから数日後のある日、面接で会った女性が、同僚の女性二人と、こう話しているのが聞こえてしまったのです。

「30過ぎて、よくうちの会社なんて入ってきたよね」

「前の会社のほうが条件よかったんじゃない？」

「うちの会社って感じじゃあないんだよね」

「いじめられちゃったらどうするつもりだったんだろうね」

「だめよ、いじめちゃ」

――笑い声――


ななみさんは、気づかれないように、そーっとその場を立ち去りましたが、心臓はバクバク。

「親切なおばあさんだと思っていたら、恐ろしい魔女だったということ？」

「素敵なお菓子の家だと思っていたら、死へ向かう牢屋《ろうや》だったということ？」


転職に抱いていた夢が、音を立てて崩れていきました。

どうやらななみさんのうわさ話をしていた女性は、三人とも40代のベテラン社員。いつも大きな声で話し、何でも自分たちのいいように進めていきます。上司である部長は、親会社からの出向社員で、たいていのことは三人に任せきり。20代の女性社員たちは、反論するようなこともなく、従順かつ遠慮がちに働いていました。なぜか、ななみさんと同年代の女性は一人もいません。ななみさんの不安は次第に大きくなっていきました。

40代の女性三人は、勤続年数も長く、仕事にも慣れていて、効率のよいリーダーシップを発揮しているだけなのかもしれません。仲がいいからこそ、つい、新参者のななみさんのことをおもしろおかしく話題にしてしまったのでしょう。このようなことは、ありがちといえばありがちで、強い悪意があったわけではなく、ななみさんだって立場が変われば、似たような雑談で、笑い合ってしまうのかもしれません。

「気にしなければ、それでよいこと」

そう頭ではわかっているのですが、ななみさんは、日に日に萎縮していきました。

天敵から逃げ切る力

私たちは、自分の生存を脅かすような存在には、大変敏感です。その存在に気づいたとたん、髪の毛が逆立つような思いがして、警戒態勢に入ります。

5億年ほども前、まだ私たちのルーツが魚だった頃から備わっている機能で、〝脅威〟となる存在には即座に気づき、一時的に運動能力をアップさせることができます。このような機能は、天敵から素早く逃げ切るために、大変役立ってきました。

広い海であれば、天敵から逃げ切ってしまえば、しばらくは安泰。リラックスして過ごす時間もとれますが、職場となるとそうもいきません。

天敵が隣の席、というケース

天敵が全員を見渡せるオフィスレイアウト

一日中、天敵と行動を共にする仕事

就業中に警戒態勢を取り続けた上に、帰宅してからも、翌日のことを考えては気が重くなり、緊張状態が長く続いてしまうこともあります。

ゼブラフィッシュという小さな魚を用いた研究[*20]では、天敵と長時間同じ水槽に入れたままにすると、ゼブラフィッシュは一時的に泳ぎが活発になるものの、そのうち、あるときを境に、泳ぐ気力を失ったかのように、ほとんど動かなくなることがわかりました。

私たち人間も、そのような特徴を本能的に受け継いでいます。脅威となる存在があると、一時的に何とかできないかと活発に動いてみたりするのですが、脅威にさらされる時間が続くと、表面張力のかかっていたグラスの水が、ついに溢れてこぼれ出るかのように、あるときを境に気力を失い、行動が起き難くなります。ひどいときには、生きる活力も奪われてしまいます。

しかし、落ち着いて考えてみれば、私たちの職場は、天敵のいる水槽ではありません。悪質なパワーハラスメントやアカデミックハラスメントなどは、断固かつ速やかに、然るべき対処をする必要がありますが、そのようなケースではない場合、威圧感があり、脅威に感じられる人が、身近にいたとしても、多くの場合、その人は、ただそこにいることになってしまっただけ。好むコミュニケーションスタイルが異なる人と人とが、一時《いっとき》近い距離で働くことになってしまうという、ひとつのめぐり合わせです。

脅威に感じる人がいても、多くの場合、それは一時のめぐり合わせ。

彼ら流のコミュニケーションで圧力をかけ、私たちの居心地を悪くしようとするかもしれませんが、ほとんどの場合、独断で離職させるほどの権限は持っていませんし、関係性も多くの場合、一時的です。

そして、居心地の悪さは、主観的なものなので、私たち自身である程度、コントロールすることができます。相手から受けるネガティブな影響を自《みずか》ら膨らませてしまうことなく、上手にやり過ごしていくことができれば、心に受けるダメージを減らしていくことができます。

私たちの職場は、天敵のいる水槽ではない。居心地の悪さは、私たち自身で、ある程度コントロールできる。

相手が威嚇《いかく》するような泳ぎを見せてきたとしても、ほどよい距離感を保ちつつ、できる範囲で快適さを保ちつつ、自分らしく泳ぎ続け、そして、逃げ切ればいいのです。

臆病さという生き抜く力

あやかさん（20代・女性）は、中学から大学までエスカレーター式の女子校に通い、バレエやダンスのレッスン、モデルスクールにも通い、キャンペーンガールなどのアルバイトも経験。どちらかといえば、自己顕示欲の強い女性が多く集まる世界で、長く活動してきました。

どこでも、ラスボス的な人や威圧的なグループの存在があり、萎縮してしまうことも多かったそうですが、特に大きなトラブルはなく、それなりの快適さをつくりだして、無理なく続けることができたそうです。

うまくやってこられたコツが何かあるか聞くと、こう話してくれました。

「中学くらいから、嗅覚というか、合いそうにない人、気をつけたほうがよさそうな人、というのがなんとなくわかるようになったんです。最初はちょっと様子を見て、なんとなく嫌な予感がする人には、あまり近づき過ぎないようにしています」

声が大きく威圧感のある人
険しい表情で、攻撃的な態度をとる人
支配的なリーダーシップを発揮する人
うわさ好きで目立つグループ

脅威となる存在に、私たちは敏感です。威嚇顔検知優先性*21と言いますが、私たちは、喜怒哀楽様々な表情が並んでいると、怒った顔にはいち早く気づき、警戒態勢に入ります。そのような場面で見せる〝臆病さ〟は、相手との距離を上手に保っていくための慎重さをもたらし、余計な衝突を避け、生き残っていくために、プラスに働きます。

アメリカの行動生態学者、デュガトキン氏は、グッピーの性格と生存確率について調査*22を行い、その結果を発表しています。たくさんのグッピーを「大胆」「臆病」「普通」という3つのグループに分けて、天敵のいる水槽に入れ、生き残る確率を調べたのです。その結果、「大胆」なグッピーは1匹も残らず、「普通」は15％、「臆病」は40％が残りました。

臆病さは、弱さではなく、生き抜くための優れた資質のひとつです。

ハピネスパワーのポイント その❺

臆病さは、生き抜いていくための力。
できる範囲で快適に、自分らしく、泳ぎ続けていけばいい。

天敵のような人が身近にいても、多くの場合、それはよくある一時のめぐり合わせです。ほどよい距離感を保って、自分は自分、できる範囲で快適に、活動していくことです。そうしているうちに、少しずつ、自分の居場所ができていきます。

苦手意識と反抗心

天敵のような人が身近にいて、相手の威圧感に圧倒されたり、頭にきたりするとつい、自分から壁をつくってしまうこともありますが、だからこそ予《あらかじ》め、こう決めておきましょう。

「過剰な苦手意識や反抗心は持たない」

戦うか逃げるかの戦闘態勢の準備に入ってしまうと、心のダークサイドが活性化し、余計な軋轢《あつれき》を自分から生み出してしまうことがあるからです。

私たちは、優しく接してくれる人には、「はい」と素直に答えることができるのに、威圧的に接してくる人には、「はい」と答えることを躊躇《ちゅうちょ》します。どこか負けたような気がしてしまうのです。けれど、「はい」と答えることは、負けることではありません。

良い戦略であればそれに従うこと。
上に立つ人の考えを尊重し、まずはひとつになって協力してみること。

このようなことは、迎合ではないのです。
また、優しく接してくれるからといって、その人の意見が必ず良いとも限りません。
相手の態度が威圧的だったとしても、また反対に低姿勢だったとしても、そこに振り回されたり、乱されたりすることがなければ、心のハピネスサイドはいつも穏やかです。そうなれば、人間関係のあれこれは、手入れの行き届いた公園を散歩するようなもの。途中で誰と遭遇したとしても、多少様子が変わったとしても、歩き慣れた散歩道で、お気に入りのベンチを決めるように、その都度、自分の立ち位置をゆっくり見つけていけばいいのです。

その場をほんの少し、良い場所にしてから去る

〝天敵〟のように感じる人との日々。
そのような状態も、いつか必ず終わりがきます。

上司の転勤や退職
自分の転勤

支店の統合やクローズ

いつかその場を去る日まで、自分自身の心はハピネスサイド寄りにして、人と関わっていれば、その場をほんの少し良い場所にして去ることができます。

これといって特別なことをする必要はありません。いつも通り淡々と仕事に取り組みながら、一日の中でほんの数回、わずか数秒、周囲へ軽やかに声をかけていくだけで十分です。

おはよう。今日もよろしく
おなかすいたなー
コーヒーとってくるけど、いる？
あ、もうこんな時間か。今日もよく働いたなー
そろそろ帰ろうかな。お疲れさま
さっきは助かったよ。ありがとう

毎日毎日、当たり前のように過ごしている時間に、近い席の人たちだけにでも、ちょっとした軽やかな声かけを続けてみてください。職場の居心地が少しずつ変わってきます。

情動伝染*[23]と言いますが、人は相手の表情や声、姿勢、動きなどに同調し、自分でもそれを真似、情動も伝染するということがわかっています。

私たちの脳には、ミラーニューロン*[24]があり、他者の行為を自分の頭の中で再現し、同一化して理解し、情動まで伝染していくのです。あくびの伝染が、考えることなく起こるように、情動の伝染も自動的に起こります。

あなたが、自然体で、どうってことなさそうに振る舞っているだけで、「思うほど深刻な場でもない」

そんな雰囲気をつくっていくことができるのです。

あなたが感じている威圧感は、他の人も感じているかもしれません。上手にかわすことができなくて、小さな傷を負っているかもしれません。

どうってことなさそうに振る舞っているあなたから軽やかにかけられる、なにげない一言は、安心感をもたらし、場を癒します。

ハピネスパワーのポイント　その6

当たり前のように過ごしている場で、自然で軽やかな声をかける。

ちょっとした声がけで、その場をほんの少し良い場所にすること。控えめだけれど、ハピネスパワーの大切な使い方のひとつです。

ピアノの一番高音の鍵盤を小指でそっと軽く叩くようなもので、その場で気づく人はいないかもしれませんが、ハピネスパワーの波紋は確実に広がっていきます。

第5章

気持ちのすれ違い

花は私に多くの扉を開いてくれました
言葉よりも感情で、
訴えかけてくれたのです

―グレース・ケリー―

1929-1982 モナコ公国の大公妃
波乱に満ちた短い生涯を美しく強く生きた

嫌なら言ってくれればいいのに

あゆみさん（20代・女性）は、結婚を機に、夫の家族と敷地内別居を始めました。郊外で敷地も広く、別棟を新築してくれましたし、母子家庭で育った一人っ子のあゆみさんは、賑《にぎ》やかな大家族の生活を気に入り、何の迷いもありませんでした。

ところが、実際に生活がスタートしてみると、すぐに違和感を抱き始めました。

車を出そうとすると、お義母さんが出てきて、ついでに買ってきてほしいものを言ってくる。

ちょっと疲れたので昼寝をしていたら、「さっき、お茶を誘いに行ったんだけど、寝てた？」などと後で夫の前で言われる。

庭の手入れの手伝い。

親戚を集めてのバーベキュー。

「顔色悪いけど、大丈夫?」など、毎日のように健康状態をチェック。

2カ月も経たないうちにノイローゼ状態になってしまったあゆみさんは、思い切って夫に相談しました。夫は、すぐに義父母に話してくれましたが、その伝え方が悪かったのか、

「嫌なら言ってくれればいいのに」

そう、言われてしまいました。

気分を害した義父母との間には蟠《わだかま》りが残り、さらに、その後の言葉のやりとりで、夫との関係にも亀裂が入ってしまいました。

あゆみさんも、夫も、義父母も皆とても善い人で、経済的にも豊かで、お互いを思い、うまくやっていきたいという気持ちも大きかったのですが、このようなすれ違いというのは、起きてしまうことがあります。

なんだ、そういうことね

医薬品や健康食品を扱う会社に勤務するひろとさん（20代・男性）は、薬剤師の資格を持っていて、MR（医薬情報担当）として働いていました。どちらかというと物静かなひろとさんでしたが、職場の厳しくも活気ある雰囲気は気に入っていました。元気いっぱいの営業はできませんが、ひろとさんなりのやり方で、信頼関係も築けていました。

直属の上司は、クールで、手短にポイントだけを指摘するような人で、ひろとさんもプライベートなことを話すタイプでもなく、ほどよい距離感を保ちつつ、うまくいっているように見えました。

ところがある日、ひろとさんは、上司から、
「海外研修の候補者として推薦しておいたから」

と突然言われ、驚いてしまいました。研修期間は数カ月に亘《わた》りますし、そのメンバーに選ばれるのは、将来幹部となることを期待された優秀な社員です。

ひろとさんは、急な話でしたし、決定ということでもなかったので、その場は、そのままお礼だけ言って戻りました。

後日わかったことなのですが、上司は、ひろとさんが薬剤師の資格を持っていることや、以前ランチタイムに、他の人の「開発に関わりたい」「海外勤務を経験したい」という話に、大きく頷《うなず》いていたことなどから、ひろとさんもそのような野心や希望を当然持っているであろうと考え、良かれと思い先回りして、海外研修の候補者に選んでくれたのです。

実際には、ひろとさんは、その場ではなんとなく話を合わせていただけで、そもそも、今の会社はあと数年で退職し、大学時代から付き合っている恋人と結婚し、ゆくゆくは、彼女の実家が営む小さな調剤薬局を継ぎたいと考えていたのです。

そしてタイミング悪く、その夜、懇親会があり、直属の上司ではなく、その上の立場の人が同席する場で、お酒の席の勢いで、彼女の話などをしてしまい、同僚にからかわれる、という場面があり、それが次の日には、上司の耳に入ってしまったのです。

「なんだ、そういうことね」

上司は、曖昧《あいまい》な態度をとったひろとさんに憤慨し、その後も、

「どうせ、やめるつもりでやってるんだろうから」

と、すっかり蚊帳《かや》の外のような扱いになってしまいました。

上司は期待し、目をかけてくれていましたし、ひろとさんも、真面目に仕事に取り組んでいました。結婚のことはまだ先の話で、決まったわけでもなく、プロポーズもしていません。それでもプライベートな事情を伝えるタイミングがちょっとうまくいかなかっただけで、気持ちがすれ違ってしまったのです。

すれ違いを生む2つの反応パターン

私たちが何かの刺激を受けたとき、その反応には、大きく分けて2つのパターンがあります。

ひとつは、反射的なパターン[*25]で、刺激が大脳を経由せず、扁桃体へと送られます。反応が速く、直感的で、急に横から何かが出てきたらサッと避けるなど、特に意識しなくても、次にとる行動の判断がパパッと行われます。

もうひとつは、熟考的なパターン[*26]で、刺激がいったん大脳を経由してから扁桃体へと送られます。反応が遅く、慎重で、過去の記憶も照合したり、分析を行ったうえで、必要と判断されれば、行動が起きます。

認知の節約[27]といいますが、脳は、たくさんの情報を処理しているので、できるだけエネルギーを節約するために、ショートカットしようとする傾向があります。そのため、私たちは、ほとんどの判断を反射的なパターンで済ませてしまいます。さらに、一度に処理できる情報量には限りもあるので、直感的に間違った判断をしてしまったとしても、そのことをもう一度じっくり考えてみるということをあまりしません。

誰かの言葉や行動について、

「なんか嫌だ！」

「がっかりだ！」

という直感的な判断が一度下されてしまえば、そのことについて、自分のとった行動も含めて振り返り修正する、という努力は省きがちです。


誰かを〝嫌だ〟と思い込んだとき、改めて自分の行動を振り返ってみるということをしない。

一度思い込んだことは、そのまま思い込んでいたほうが楽なので、直感的に抱いた〝嫌だ〟という判断ばかりが頭の中で繰り返され、すれ違いも助長されていきます。その結果、人に経緯を話すときには、誇張や意図的な省略も見られます。

10年の信頼関係にひび

たかしさん（30代・男性）は、結婚5年目で、もうすぐ2歳になる娘にも恵まれ、順調な共働き生活を送っていました。

ところがある日、たかしさんが取引先の女性とやりとりしたSNSのメッセージが、ふと奥さんの目にとまり、そこから言い争いになってしまいました。女性のほうが積極的で、たかしさんはそれに合わせて返事をしていただけなのですが、疑われても仕方のないような浮かれたやりとりで、それを見られてしまったことが、恥ずかしいやら腹が立つやら。

タイミング悪く、その日は結婚記念日で、せめて家でお祝いしようと、いつもよりも少し豪華な食事を準備していたときでした。

奥さんは、頭では理解しようとしているのですが、直感的に、

「嫌だ！」

「がっかりだ！」

「最低！」

と、強く判断を下した後なので、感情のコントロールが効かず、どんどん険悪な雰囲気になっていきました。

明日の保育園の準備も、夕食の片付けも、やり残して持ち帰った仕事も、何もかも嫌になり、奥さんはついにはこう思ったそうです。

「こんな人だって知らなかった。できるものなら離婚して、子供と二人ですっきりと生きていきたいぐらいだ」

親密で特別な関係だからこそ、裏切りの危険信号は、大きなショックとなり、しばらくの間、頭がそのことだけでいっぱいになります。出会ってから10年、結婚してか

ら5年、新しい命に恵まれてから2年の、楽しい思い出や助け合った日々。その全てを吹き飛ばし、緊張状態から頭が冴え、戦闘態勢に入ってしまいます。

直感的に下された判断は、理詰めで覆そうとしても、売り言葉に買い言葉となり、かえってこじれてしまうことも多く、こじれ方によっては、二度と修復できないほどの亀裂に発展してしまうこともあります。

言葉での説得がダメならどうするか……。

悩みどころですが、ちゃんと良い方法があります。ハピネスサイドのスイッチをオンにして、私たちが生まれつき持っている機能を使って、修復のチャンスをつくればいいのです。

既にできてしまった直感的な判断は、別の直感的な判断で上書きすれば、新しい考え方の道が開けます。不幸に進みはじめていた道を簡単に方向転換することができるのです。

言葉ではなく、直感的に伝わる感情を変える。

これさえできるようになれば、ちょっとしたすれ違いは、ほんの小さな芽のうちに、摘み取ることができるようになります。そしてそれはとても簡単です。

ＨＰＰハピネスパワーポーズ

翌日、たかしさんと奥さんは、一言も口をきかないまま、家を出ました。一晩が過ぎて、少しは気持ちが落ち着いてきたものの、夫は意地になり、妻はひどく落胆して、二人の間には、これまで１ミリもなかった不信の芽が、じわじわと育ちつつありました。

それから数日後、仕事の打ち合わせで、たかしさんを含む数人と面談した私は、経緯を聞き、あるジェスチャーを勧めることにしました。直感的に、受け入れ合う気持ちが高まる、ソフト・インテリジェンスなポーズ[*28]、名付けて「ＨＰＰハピネスパワーポーズ」です。

〝ソフト・インテリジェンス〟とは、受け入れ合う感性。相手の言葉や行動にいちいち怒ったり傷ついたりしない柔軟性のことを言います。

夫婦とはいえ、持って生まれた性格や育った環境、考え方も違う二人が、もう一度受け入れ合うことができるように、直感的にその気持ちが伝わるような表情やジェスチャーをして、待っているように勧めたのです。

〝両腕を広げ、手のひらを開き、少しうつむき加減で、優しく微笑む〟

ただそれだけです。

気持ちのすれ違いがあると、すぐに私たちは話し合おうとするものですが、不機嫌な顔で両者の言い分をぶつけ合っても、直感的には、表情のほうを読み取ってしまいます。

「本当は、納得していない」
「本当は、自分は悪くないと思っている」
このように感じさせ、亀裂を大きくしてしまうのです。

喜怒哀楽といった表情は、私たちに生まれつき備わっている機能で、生まれてすぐの赤ちゃんも、表情を読み取ることができます。表情は、する側にも、見る側にも、その表情に応じた自律神経系の活動が見られ、特に笑顔にだけ反応する脳内回路もあります。笑いは本能的な行動であり、社会的な絆を生み出すこともわかっています。*29

ただ穏やかな笑顔で迎えるだけで、優しく親しみのある気持ちでいることを直感的に伝えることができるのです。

……………

ハピネスパワーのポイント　その❼

穏やかな笑顔には、直感的に心をつなぐ力がある。

さらに、表情と矛盾しないジェスチャーも組み合わせれば、より伝わりやすいメッセージになります。

険しい表情をして、腕組みをしていれば〝警戒〟や〝拒否〟といったメッセージがパッと伝わってしまいますが、微笑んで腕を広げていれば〝信頼〟や〝歓迎〟といったメッセージを一瞬で伝えることができます。

〝両腕を広げ、手のひらを開き、少しうつむき加減で、優しく微笑む〟、このソフト・インテリジェンスなポーズ「ＨＰＰハピネスパワーポーズ」は、イエス・キリストの図像にもよく見られるポーズで、〝無条件に相手を受け入れ愛する気持ち〟を感じさせます。

また、私たちは、そのとき自分がとるポーズやしぐさで、ホルモンの状態や心の状態が簡単に変わることがわかっています。体や手のひらをオープンにすることで、心もオープンになり、受け入れ合いたいという思いを強めます。

社会人を対象にした心理学講座で、参加者に協力してもらい、「HPPハピネスパワーポーズ」の実験を行ったところ、初対面同士の緊張感が低下しやすくなるという傾向が確認できました。中には「HPPハピネスパワーポーズ」で向き合っただけで、じわっと涙ぐむ参加者も見られました。気持ちが少し落ち込んでいたり、思い悩んでいることがあったり、事情は様々ですが、初対面の相手でも、励ましの言葉などがなくても、受け止める姿勢を表情とジェスチャーで示すだけで、心があたたかくなったのです。

たかしさんに、このような事例も紹介しながら、

「ただポーズをして待っている、なんて、まさかと思うかもしれないけれど、騙《だま》されたと思って、よかったら一度試してみてください」

そう話しました。

関係修復の心理効果

たかしさんは、その日、奥さんよりも先に帰宅し、食事の支度をしながら待つことにしました。半信半疑ながら、ソフト・インテリジェンスなポーズを試してみようと考えたのです。

たかしさんは、ベビーカーの音が聞こえてくると、廊下に出て、玄関のほうを向き（少し照れながら、まだちょっと迷いながら）、両腕を広げ、手のひらを開き、少しうつむき加減で、笑顔を心掛け、待機してみました。

玄関が開くと、笑顔で手を広げているたかしさんの様子に気づき、ワッとすぐに喜んで飛びついてきたのは、もうすぐ2歳になる女の子のほうでした。たかしさんは、飛びついてきた娘を抱き上げて、それから、玄関に立ったままの奥さんのほうを見ました。すると奥さんの目は、涙で溢《あふ》れていたのです。

奥さんも、できれば関係を修復したいと、ここ数日悩んでいて、でもどう切り出したらいいかわからず、暗い気持ちで帰宅したところに、両手を広げたたかしさんの姿があり、喜んで飛びつく娘の姿も見て、じわっと涙がこみ上げてきたのです。

もう一度、受け入れ合う準備ができた瞬間です。

心理学では、相互的で共同関係的な応答性[*30]といいますが、このような関係は、生活に安定感と快適さをもたらし、個人的な成長や心身の健康にもプラスに働きます。

また、涙には、高ぶった感情を穏やかにして、緊張状態を緩和し、気分をすっきりさせる効果があり、相手の攻撃性も低下させると考えられています[*31]。

ハピネスパワーのポイント　その❽

ソフト・インテリジェンスなポーズは、受け入れ合う感性を高める。

〝嫌だ〟という直感的な判断が一度下ってしまうと、私たちは、自分の行動を振り返って、もう一度よく考えるという手間を省きがちです。心のダークサイドばかりが活性化し、亀裂がますます深まってしまいます。

カッとなって相手を論破しようとするその前に、まずは表情とジェスチャーで、直感的な判断を修正してから、話し合うようにしましょう。

喜びや歓迎の意を表現する表情やジェスチャーは、世界にも多く、一瞬で〝敵ではない〟と印象づけ、受け入れ合う気持ちを高めます。難しく考える必要はありません。

・相手の姿が見えたら、片手を上げてパッと笑顔を見せる。
・話しかけられたら、顔だけでなく、身体の向きも相手に向ける。
・仕事中に呼び止められたら、スッと姿勢を正し、穏やかでまっすぐな視線を送る。
・困った顔で頼み事をしてくる人がいれば、自分の胸を軽く叩き、頷いて迎えてみる。

簡単にできるソフト・インテリジェンスな表情やジェスチャーを工夫して、生活に取り入れてみてください。身近な人となにげなく過ごす日々に、微笑や感動が増えていきます。涙が思わず溢れてくるようなこの上ない幸せは、そんな日常の中にこそ、隠れているのだと思います。

第6章

見誤り

一段深く考える人は、
自分がどんな行動をし、
どんな判断をしようと、
いつも間違っているということを
知っている

―フリードリヒ・ニーチェ―

1844-1900 ドイツの哲学者・古典文献学者
「生の哲学」の旗手。実存主義の先駆者

ハピネスサイドのリスク

人と人との出会いには、奇跡を生む力があります。

あのとき、あの人に会えたから……。
あのとき、あの人が、こう言ってくれたから……。

振り返ってみれば、私たちの人生には、感謝すべき出会いもたくさんあったことに気づきます。

ここまでは、心のハピネスサイドのスイッチをオンにして、ダークサイドを鎮めるような方法をいくつか紹介してきました。ダークサイドばかりが活発に働くと、人を過剰に疑い、警戒し、悪いように考え、せっかく出会えた人とのつながりを困難で苦しいものにしてしまうことがあるからです。

しかし一方で、ハピネスサイドばかりが活性化し、ダークサイドが全く働いていない心にも、リスクがあります。

私たちは、失いたくない幸せに包まれていると、そこに潜むマイナス要素には、重い蓋をして、鍵をかけてしまうことがあるからです。

何でもいいように考え、現実に目を向けず、警戒することを怠り、確認する手間を省き、理想化して思い込み、ポジティブな期待感ばかりを抱いてしまいます。

幸せ気分に夢中になっているとき、人は、不測の事態を想定することを拒む。

詐欺《さぎ》などの犯罪に巻き込まれるとまではいかなくても、相手の人柄を見誤り、先々の関係も見誤り、人生の予定が狂ってしまうこともあります。

新しい家族

こういちさん（50代・男性）は、団体職員で、親思いの優しい性格ですが、良縁に恵まれずにいました。土地持ちの一人息子で、地方都市の立派な家に住み、家賃収入もあり、経済的にはとても豊かでしたが、年老いた両親にとっては、自分たちが他界した後の、最愛の息子の生活が、唯一の心配事でした。

こういちさん自身は、仕事仲間にも恵まれ、
「一生涯独身というのも、それはそれで楽しいものだ」
と考えていたのですが、ある女性と出会い、恋愛関係に発展すると、一転して、すぐにでも結婚したいと思うようになりました。

その女性は、日本人とのハーフで30代。父親の顔を知らない息子が一人いる、シングルマザーでした。話し方が柔らかく、優しくて、小学生の男の子も素直で元気いっ

ぱい。こういちさんは、その子のためにも、父親になろうと思ったのです。

両親も、その女性と男の子をすぐに気に入り、同居での結婚生活が始まりました。奥さんは家事にも積極的で、嫌な顔ひとつせず、両親ともとても仲良くなりました。思いがけなくスタートした、新しい家族との笑いの絶えない幸せな日々……。

両親は、高齢ということもあり、しっかりしているうちにと、家やアパート、駐車場、預貯金、保険など、ほとんどの財産の名義をこういちさんへと変更し、こういちさんは、男の子を養子として迎える手続きもしました。

「これでもう、思い残すことはない」

両親は、毎晩のように、そう話し合っていたそうです。

ところが、それから2年も経たないうちに、こういちさんが急死してしまいました。ショックを受けた奥さんは、男の子を連れて、故郷へ。すぐに戻ってくるかと思っていたのですが、そのまま日本に戻ることはなく、両親に届いたのは、住み慣れた家の立ち退きを命じる、法的な書類でした。

日本での暮らしを諦めた奥さんが、家もアパートも駐車場も、お墓までも、全て売り払ってしまったのです。直接会いたいといっても、相手は海の向こう。代理人の連絡先しかわかりません。方々手を尽くしましたが、奥さんがとった行動に、法的な落ち度はなく、年齢的にも、もう争い戦うような気力もなく、唯一残った、長く使っていなかった避暑地の小さな別荘を売り、なんとか公共の高齢者施設に入居することができました。

それから8年。起きてしまったことを受け入れる、努力の日々が続いています。

ダークサイドは大切なものを守る

私たちは、パッと見て、「素敵な人だな」と思うと、心が躍り、相手の人柄について、自分のいいように思い込んでしまうことがあります。「こういう人がいたらな」と、求めている気持ちがあるときは特に、過大評価してしまいます。

先々の関係も、「こうあってほしい」という望みがあればこそ、期待が膨らみ、不測の事態を想定することを避け、縁起でもないことではあるけれど、大事なことだから、念のために考えておく、ということを怠りがちです。

ハピネスサイドばかりが活性化し、ダークサイドの必要な機能がオフになると、その先の人生を読み間違えてしまうこともあります。

警戒心の欠如から、大事なことの確認ができなくなってしまうと、思わぬトラブルに遭いやすくもなります。

アイオワ大学の臨床神経心理学者ジャスティン・ファインスタイン氏らの研究[*32]によるとウルバッハ・ビーテ病という珍しい病気によって、脳の扁桃体が損傷した女性は、通常であれば恐怖を感じるような場面でも、動じることがなく、危険な目に遭いやすくなることがわかりました。例えば、ホラー映画も怖がらず、蛇《へび》を平気で抱き、強盗に遭っても全く怖がらなかったそうです。

怖さを感じないだけで、様々なことを見過ごし、慎重な行動をとることができません。

限られた人数で暮らし、全員が顔見知りだった古い時代のコミュニティでは、所属する人々の倫理観や正義感、信条といったものが似ていて、そのコミュニティにある社会通念や道義に逸れたような行動は、正されるという仕組みがありました。そのため、同じコミュニティの仲間であれば、人柄や信条、価値観などについて、慎重に確認するという手間を省いても、大きな問題にはなりませんでした。仲間内では、疑うということが、かえって憚《はばか》られるという面もありました。

しかし、グローバルな情報化社会となった現代では、様々な社会通念が入り混じっています。一人ひとり、守りたいもの、大切にしたいものも違います。個人それぞれの考え方を尊重する風潮もあり、〝こう考えるのが普通だろう〟というものだ、家族であっても通用しなくなってきています。

最初から安心しきってしまうことなく、警戒すべきことは警戒する力
早急に信用しきってしまうことなく、心配な点を心配する力

これらの力は、大切なものを守り、生き抜いていくために、とても重要な機能です。人を疑ってかかるということではありません。信頼と期待を寄せた上で、お互いのために、あらゆる可能性を検討しておく、ということです。

人と人とのつながりに一時的にストップをかけてしまうこともありますが、先々のトラブルを防ぎ、結果的には、相互理解も深めます。

ハピネスパワーのポイント　その❾

大事な判断をする際は、心のダークサイドにある〝要確認〟ランプも点灯する。

心のハピネスサイドのスイッチをオンにするだけでなく、ダークサイドの〝要確認〟ランプは、いつでも点灯するようにしておきましょう。それは、人を愛し、大切にすることの一部です。

お互いを尊重し、あらゆる可能性を検討する、その手間を省かなければ、人生を通して、大切なものを守り続けることができます。

第7章

悪口・評判、階級社会

祈りは人間が生み出しうる
最も強力なエネルギーである
それは地球の引力と同じ
現実的な力である

―アレクシス・カレル―

1873―1944　フランスの外科医・解剖学者・生物学者
血管吻合《ふんごう》の父。ノーベル賞受賞。遺稿「ルルドへの旅」

ハピネスサイドの住み心地

この本では、心のダークサイドの働きを活発にし、生きづらさにつながるテーマとして、〝孤立不安〟、〝嫌な記憶〟、〝天敵〟、〝気持ちのすれ違い〟を取り上げてきました。

繰り返しになりますが、私たちの心には、2つのエリアがあります。

そのひとつが、人とつながるのが得意なハピネスサイドです。

もしあなたが、この本を手に取る前は、少し生きづらさを感じて、ややダークサイドが優勢な生活をしていたとしても、もうすっかり、ハピネスサイドの住人になっているのではないでしょうか。

住み心地はいかがですか？

私たちが生きる、近代的で都会的な暮らしは、ダークサイドを活性化する出来事で溢《あふ》れています。しかし、その背景にある〝なぜ？〟に意識を向けて、落ち着いて対処してみれば、心は穏やかに安定し、幸せな出来事に気づきやすくなります。

そして、幸福感のようなポジティブな感情は、私たちをさらに幸福感を起こさせる刺激に向かわせ、心身ともに元気にしてくれます。

食事をより美味しく感じ
通り過ぎる子犬をかわいいと感じ
人々が笑い合う姿に心の中で微笑み
夜空の星々をきれいだなと見上げる
急な電話も人生の素敵な出来事のひとつだと感じるし
一歩一歩、歩く感触の心地よさを楽しみ
手を洗う水の気持ちよさに感謝する

世界とつながりを深めること、良い気分で過ごすことに向かいやすくなり、健康的に見えるので、人生のパートナーとして選ばれやすく、繁栄にもつながります。

また、もうひとつのエリア、ダークサイドには、大切なものを守り続けるための力があります。

ハピネスサイド、ダークサイド、それぞれの恩恵をバランスよく活用して、快適な人生を歩んでいきたいものですが、そのバランスを崩すものとして、あと2つだけ、テーマを取り上げておきたいと思います。

ひとつは、悪口・評判、もうひとつは、階級社会です。

悪口は言うのも聞くのも嫌い

くるみさん(20代・女性)は、子供の頃から、悪口を言うもの聞くのも嫌いで、ずっと生きづらさを感じてきました。
安定した企業で事務職をしていますが、大人になった今も、職場の陰口で悩んでいます。お昼休みや休憩時間のうわさ話に、心を痛めることが多く、胃痛や頭痛がすることもあります。

営業に来る他社の人、新しく入った派遣社員、異動になってきた管理職の人、同じ部署の男性社員、その場にいない女性社員……。次々と話題にしては、その時その場にいた人にしかわからないあだ名をつけたり、服装や髪形、体形、持ち物、経歴や話し方など、よくそんなに思いつくなというくらい、笑いの種にしていきます。

くるみさんは、直接悪口を言われたことはありませんが、
「私がいないときは、私の悪口を言っているんだろうな」
そう想像しては、悲しく不安な気持ちを募らせていきました。

髪形も爪も服装も、とにかく何も言われずに済むように、無難に整え、少しでも妬《ねた》

まれそうなことは、決して口にせず、目立たないように過ごしています。

気になる口コミ

たくみさん（20代・男性）は、大学三年生で、就職活動に向けて準備を始めたところでした。

適性検査を受けたり、インターンシップに申し込んだり、就職セミナーにも積極的に参加しています。家にいるときは、インターネットを使って情報収集をし、スーツや靴も選び、髪形も相応《ふさわ》しく整えましたが、採用担当者による〝採用しなかった学生〟についての投稿や、就職活動経験者のネガティブな書き込みをたくさん目にしているうちに、不安ばかりが大きくなっていきました。

「自分がどうしたいか」

ということを考える前に、

「どうすれば変だと思われないか」

「どの企業が自分にとって無難な申込先か」

そのようなことばかり、頭に浮かんでしまいます。


世界が広がり、人生が開ける、大きなチャンスを目の前にしているというのに、すっかり気弱になってしまいました。

言葉による危険回避

私たちは、自分に向けられたものではなくても、ネガティブな言葉を見聞きすると、長く心に引っ掛かり、重く暗い気分になることがあります。それなのに、〝誰が誰に向かってこう言っている〟という悪口や評判の情報が入ってくると、ついまた、確認したくなってしまいます。

このような機能は、ヒトの進化の歴史から見れば、比較的新しく備わったものだと考えられています。脳のブローカ野という言語をつかさどる部分は、ホモ・サピエンス(20万年前くらい～)の化石には確認できるものの、アウストラロピテクス(４００万年前くらい～)には見られないそうです。[*33]

人類は、直立二足歩行になり、言葉が話せるようになり、言葉を話すことに適した脳になり、言葉を使って、頭の中でも、考え事ができるようになりました。

狩猟採集時代には、それぞれが体験を通して知り得た危険に関する情報をある程度言葉で伝え合うことができたと考えられています。これは大変画期的なことでした。自分が危険な思いをしなくても、誰かがした危険な体験を情報として入手するだけで、自分の身を守ることができるようになったのです。経験した情報を言葉で伝え合うことで、仲間全体の生存確率が高まりました。

現代でも、そのような機能は受け継がれ、言葉を使えることで、自分が実際に体験しなくても、注意すべき情報を頭の中で考え、自分の安全に活かすことができます。

しかし、一方では、あまりにも大量の情報が氾濫しているために、取捨選択が難しく、参照しているだけで疲れ果ててしまい、実際の行動には活かすことができない人や、ネガティブな投稿（現代における注意喚起情報とも言える）ばかりに目が行き、不安がどんどん膨らんで、動けなくなってしまう人もいます。

評判という社会規範

農耕がスタートしてからは、より組織的な共同生活が始まりました。

自分の所属するコミュニティの中で社会規範から外れる人の行いについては、〝悪い評判をたてる〟という方法でその情報を共有し、集団的圧力をかけて、その人の行いを正すということも始まりました。

「自分の所属するコミュニティの皆はどう思うか」

ということから大きく外れないことが、生存確率を上げ、繁栄していくための、ひとつのポイントになりました。

クローズした村社会では、その社会の規範さえ参照し、皆で一緒に守っていけばよかったのですが、今は、ＳＮＳなどの普及により、その人が所属するコミュニティの外へも情報が拡散されてしまいます。直接利害関係のない人からの注目や、匿名での批判も集まるようになりました。

さらに、かつては、悪い評判の共有は、社会的制裁を与えるという意味合いが強く、マイナス要因が大きかったのですが、情報化社会になると、評判が悪くても関心を集めることで、視聴率やアクセス数などの利益をもたらすというプラス要因もできました。

社会的に広く嫌悪される一方で、一部の人たちからは積極的にもてはやされ、大きな利益の配分を手にするといったケースもあります。

いったい何が正しくて、どのような考えを参照すればよいのか、様々な声が溢れる中、戸惑い、迷い、停滞し、動けなくなってしまう人もいます。

あの人、ずるい

ある企業で派遣社員として働くなつみさん（20代・女性）は、新しく同じ部署に配属になった新入社員のとおるさんに、基本的な業務について、教えるようにと上司から頼まれました。

なつみさんは、今まで通り自分の仕事もこなしながら、とおるさんへも、ひとつひとつ、仕事のやり方を教えていきました。

そして数日後、

「あの、ちょっといいですか……」

なつみさんは、上司に報告を始めました。

「ものすごく覚えが悪いんです。態度も横柄というか、大きいというか。教えてあげてもお礼の一言もありません。これ以上、自分の仕事の時間が削られるのはちょっと……。私が教えてあげないとダメですか?」

一方、とおるさんは、大学時代の友人に、こう話していました。

「せっかくあんなに努力して、大学を出て、就活もがんばって、トップ企業に入ったのに、いくら配属になったばかりだといっても、誰にでもできるような仕事ばかりやらされている。こんなことをするために、今までがんばってきたわけじゃない。もっとやり甲斐のある仕事をさせてもらってもいいはずだ」

なつみさんととおるさん、二人はどちらも、現状について、

「不公平だ!」

「理不尽だ!」

と思っていました。

なつみさんは、仕事について、自分のほうが熟達し、優秀で、実際に役立っているのに、給与は正社員であるとおるさんのほうが高いということを、

「ずるい！」

「おかしい！」

と不満に思っていましたし、
とおるさんは、大学入試や就職活動で、相当な努力をしてきた自分が、そうでない方法で就職した人と肩を並べて仕事をし、指導までされることを、

「こんなはずじゃない！」

「おかしい！」

と不満に思っていたのです。

不公平回避

私たち人間には、他者との関わりの中で、不公平な状態を嫌がる、不公平回避*34と呼ばれる傾向があります。ユニークな特徴として、自分が損をするような不公平だけでなく、自分が得をするような不公平についても、嫌な気分になり、回避しようとする

ことがわかっています。

私たちは、損をしたときだけでなく、自分だけ得をするときにも、居心地の悪さを感じる。

このような傾向は、メソポタミア文明など、高度な文明がスタートしたことにより、顕著になったと考えられます。

狩猟採集の時代は、とったものは何でもみんなで平等に分けていたため、不公平感によるストレスもなかった可能性があります。現代でも、アフリカで狩猟採集生活を続け、とったものは全て平等に分けているハッザの人々は、不公平感によるストレスはなく、抑うつ状態の値も極めて低く、〝平等に分ける〟ということが、強い結束につながっていると考えられています。*35

農耕生活がスタートすると、食べ物を蓄えておくことができるようになり、農地や家屋を持つこともできるようになりました。文明が急速に発展し、統治者が必要になり、階級ができ、明らかな貧富の差が生まれ、不平等な分配が始まり、不公平感によるストレスも始まりました。

現代の日本では、少子高齢化による世代間格差、学歴や経歴、所属組織による階級意識、就労スタイルによる賃金格差、生活保護不正受給者によるフリーライダー問題[*36]など、不平等や不公平を感じてしまう場面が増えています。このようなストレスは、人と人との結びつきを阻害し、

「自分さえ良ければいい」

そう考えがちな、自己充足型の個人主義者[*37]を増やします。必ずしもそれが悪いということではありませんが、恋愛や夫婦関係における幸福感が低く、家族や友人との生活に関する満足感も低く、人を助けようとする意欲も低い傾向があります。

パンダやヤマアラシのような、群生しない生き物は、愛の欲求をほとんど持っていないといいます。単独で生き、単独で生活し、愛を持たない、そのような存在になっていくことが、人間の次なる進化なのでしょうか？

いいえ、やはり、それは違うと思います。

私たちの中に受け継がれてきた、〝不公平回避〟という特徴は、自分が損をしたように感じられるときだけでなく、自分ばかりが得をしてしまったと感じるときにも居心地の悪さを感じさせます。それは、「相手に不満はないだろうか」と考えることや、自分ではない誰かの存在に気づき、思いやり、分け与えるという行動につながります。そしてそれは、〝分かち合うからこそ得られる幸せ〟を実感させます。

幸せを分かち合うことで得られる、幸せのその先にある幸せ。

心のハピネスサイドが活動し続けている限り、〝不公平回避〟という特徴は、分かち合う喜びに変えることができます。

それにヒトは、進化の流れにただ身を任せていたわけではありません。自然界では生存が困難だと思われる状況の命であっても、できる限り救いたいと、新生児集中治療を含む医療や支え合うための福祉を目覚ましく発展させてきました。このようなことは、生命の神秘や限界への挑戦とも言えます。弱者を守りたいと一生懸命に勉強している人や働いている人、自分の利は後回しに、社会的立場の弱い人のために活動している人も、世界中にたくさんいます。私たちは、これからも、愛し、協力し、助け合う生き物として、繁栄し続けていけるのではないかと思います。

祈りの心理効果

言葉による情報を頼りに、危険を回避するという機能を持った私たちは、直接自分に向けられる事柄ではなくても、人の悪口や評判を見聞きすると、心がざわつきます。また、複雑化した社会に生きる私たちは、不公平感によるストレスも大きくなっています。

インターネットにより、驚くほど身近になったネガティブな情報は、一日中、次から次へと押し寄せてきます。知らず知らずのうちに、社会への失望、人間への不信感、どうせ無理だという気持ちなどが、毎日毎日私たちの心に刷り込まれてしまいます。

いつの間にか、ダークサイド一色の心を持ったダークサイダーになってしまうことのないように、ネガティブな情報から負の影響を受けそうになったら、試してほしい方法があります。それは、誰かのために祈る、ただそれだけです。

自分の中に取り入れたくない、ネガティブな情報や、引きずりたくないマイナスの感情が浮かんだら、すぐに、そっと心の中で、誰かの健康や幸せを祈ってみてください。

行動のパターン化には、余計なことを考えずに済むようになるという心理効果があります。

緊張したら、

「手に人という字を書いて飲み込む」

といったおまじないのように、ネガティブな気持ちが押し寄せてきたら、

「祈る」

そう決めておくだけで、マイナスの影響を受け難くなります。

また、祈るという行為には、気功、坐禅にも見られる、精神が落ち着き、心が安らぐ効果もあります。他者の幸せを祈ると、ドーパミンやベータエンドルフィン、オキシトシンなどのホルモンが分泌し、心地よく幸せな気持ちにもなります。[*38] 生命力を高める効果があることも指摘されています。驚くことに、自分自身だけでなく、相手にも、良い影響があるという研究結果も発表されています。

元カリフォルニア大学の心臓学教授、ランドルフ・ビルド氏が393人の患者を対象に、サンフランシスコ総合病院で行った実験[*39]では、他者から祈ってもらった患者グループのほうが、祈ってもらわなかった患者グループに比べて、良い影響があった（病気の進行が明らかに遅くなった）という結果になりました。

誰かのことを祈ることで、ネガティブな思考の影響をストップさせ、自分の心が穏やかになるだけでなく、相手の健康にもプラスに働く可能性があります。

ハピネスパワーのポイント　その⑩

ネガティブな情報やマイナスな感情が押し寄せてきたら、そっと誰かの幸せを祈る。

気がかりなことで頭がいっぱいになっていると、〝ただ心静かに誰かの幸せを祈る〟ということは、少し難しかったりもするのですが、ほんの少しの短い時間から、ぜひ、試してみてください。

第8章

出会いの奇跡、心の変化

人生には、二つの道しかない
一つは、奇跡などまったく
存在しないかのように生きること
もう一つは、すべてが
奇跡であるかのように生きること

―アルベルト・アインシュタイン―

1879－1955　ドイツ生まれの理論物理学者
20世紀最大の物理学者。現代物理学の父。平和主義者

心のギアチェンジ

私たちの心には、２つのエリアがあります。

ひとつは、つながりに適したエリアで、この本では「ハピネスサイド」と呼んできました。

もうひとつは、排除に適したエリアで、この本では「ダークサイド」と呼んできました。

ハピネスサイド、ダークサイド、どちらも私たちが生き抜いていくために必要なエリアで、大切なのはそのバランスです。

私たちが生きる近代的で都会的な暮らしは、ダークサイドを活性化する出来事に満ちていて、生きづらさを感じている人はとても多いです。その生きづらさの原因と考えられるもののひとつとして、私たちの進化スピードが近代化のスピードに追いついていない、ということもお話ししました。

山の水源から枝分かれし、脈々と流れていく川の水のように、私たちのルーツとなる生き物から、何億年もかけて受け継いできた本能的な力。その力の「なぜ？」を振り返ってみることが、今、目の前にある人間関係を好転させる「答え」になります。

難しいことはひとつもありません。私たちがもともと持っている力、既に心の中にあるパワーをハピネスサイド寄りのギアにして、使っていけばいいだけです。

すると、これまで悩んでいたことも、嘘のようにうまくいくようになります。

あなたの人生から、余計ないざこざは一切消えて、思わず吹き出しちゃうような、心から笑える瞬間が増えていきます。

苦手だな、と思っていた人との関わりにも、どこかユニークでポジティブな特徴が見つかり、面白いなと思えるようになります。

そして、周りに奇跡が起き始めます。

ピアノ教室

私たちの心には、人と出会い、つながる力があります。
そして、その出会いには、奇跡を起こす力があります。
私たちが進む、これからの人生にも、奇跡を起こすたくさんの出会いが待っています。

この本で紹介したエピソードの数々。そこに登場してくれた皆さんの人生にも、ちゃんと奇跡が起きました。そのいくつかを紹介すると……。

夫の家族と敷地内別居をしたことにより、すれ違いが生じてしまったあゆみさんは、その後、しばらく落ち込んでいましたが、気を取り直し、とにかく元気でいようと、明るい色の服を選んで着るようにしました（私たちは、身に着ける服の色で、気分や足取りも変わります[*40]）。

ある日、あゆみさんは、ご主人からピアノのコンサートに誘われました。

新しく取り引きが始まった会社の人から、招待券をもらったそうで、

「急だし、気が進まなかったら、無理に行かなくてもいいいんだけど」

そんなメッセージが届きました。

「いいよ、行くよ」

あゆみさんは、短く返事を送りました。


あゆみさんは、結婚前は、音楽教室で、ピアノの先生をしていたのですが、新居から通える距離には、これまで働いていた教室がなく、まずは出産をしたいという気持ちもあり、諦めたという経緯がありました。

待ち合わせ時間と会場だけ聞いて、急ぎ向かいましたが、

「こんなことなら、仕事、辞めなければよかったな……」

ネガティブな囁《ささや》きばかりが、繰り返し浮かんでいました。


入り口で待ち合わせをして、なんとなく気まずいまま席に着きましたが、貼られた

チラシやプログラムを確認すると、そのコンサートは、大好きなショパンのピアノコンサートでした。

すぐに会場が暗くなり、コンサートが始まりました。

思い出の曲が次々に登場し、結婚式にかけてもらった曲もありました。演奏を聴いているうちに、凝り固まっていた心も優しくほぐれていくようで、いろいろな思いで胸がいっぱいになり、目からは、ぽろりと涙が流れました。

大好きな音楽に包まれて、久しぶりに過ごした、二人きりのゆっくりとした時間。

コンサートが終わると、軽く食事もして、帰り道には、どちらからともなく、手をつないでいました。

二人の笑い声が聞こえたのでしょう。家の敷地内に入ると、お義母さんが出てきて、声をかけました。

「ちょっと、いい？　お茶淹《い》れるから」

お義母さんの話はこうでした。

夕方、お裾分けを持って訪ねてきた近所の人が、駅のほうへ向かうあゆみさんを見かけたそうで、

「かわいいお嫁さんね」

と言いました。お義母さんは、少しあゆみさんのいいところを伝えたくなり、

「結婚前はね、音楽教室でピアノの先生をしていたの。歌も上手なのよ」

と応えました。すると近所の人は、ちょうど良かった！　というように、

「孫がピアノを習いたがっているから、少しの間だけでも、教えてもらえないかしら」

そう、頼んだのです。近くには、幼い子が通えるちょうどよいピアノ教室がありませんでした。あゆみさんは、「私で良かったら！」と、喜んで引き受けることにしました。

それからしばらくは、皆、大忙しでした。

義父母は、母屋の一室に簡易的な防音設備を施してくれましたし、ご主人は看板を手作りしてくれました。あゆみさんも、楽譜や楽譜に貼るシールを選んだり、簡単な

約束事を書いた案内を作ってみたり。

こうしてスタートしたピアノ教室は、一人、また一人と少しずつですが習う子も増えました。あゆみさんの今の目標は、来年のクリスマスに、第一回目の小さな発表会を開催することです。

義父母やご主人との関係も、すっかり、というよりも、前よりずっと良くなりました。

生まれ変わり

最愛の一人息子、こういちさんと、財産を失った夫婦にも、奇跡が起きました。

入居した高齢者施設で、新しく働き始めた30代の女性と、とても仲良くなったのです。

その女性は、両親を病気で続けて亡くしたばかりで、お互いが心の支えになるように感じました。

夫婦は、心を穏やかに保つため、また、少しでもこういちさんの供養になればと、写経を続けていましたが、ある日、そのきれいな字を見て、施設スタッフの女性がこう話しました。

「きれいな字ですね。うちの息子は習字が下手で、書き初めの宿題を嫌がって、まだやっていないんです」

こういちさんのお父さんは、笑顔で応えました。

「よかったら、一緒に書きましょうか。コツがあるんですよ」


数日後、習字道具を持った男の子が施設を訪れました。

多目的室で、習字道具を広げたところ、フェルトの下敷きと文鎮でふざけるその姿が、こういちさんの子供の頃とそっくりだったのです。

男の子は、こういちさんが亡くなってからちょうど1年後くらいに生まれていることもわかりました（アメリカの医学博士ジム・タッカー氏をはじめとする専門家が、数千もの事例を長年調査研究した結果では、転生の証拠と見られる現象はあり、平均的には、15カ月ほどで、生まれ変わっていると発表されています）。*41

よく見ると、目もとのあたりも似ているような気がして、まるでこういちさんの生まれ変わりのように感じました。

施設スタッフの女性、そしてその男の子との出会いから、夫婦には少しずつ、笑顔が戻りました。生き別れになっている、一度は孫として受け入れた男の子のことも、

「どうか元気で、幸せに暮らしていてほしい」

そう、思えるようになったのです。

もう一度、初対面のように

社内恋愛で同じ男性に3回も振られ、その後、婚約者に待ったをかけてしまったともこさんの心にも、奇跡が起きました。

婚約者が結婚を待ってくれると言うので、早速ともこさんは、前の彼に連絡をとって、会うことにしました。その日は、夜になって、急に土砂降りの雨になりました。

待ち合わせしたレストランに現れたその男性は、雨水が少し染みたスーツで、向かいの席に座りました。少し疲れているようで、別れたばかりの女性とその両親について、愚痴とも言い訳ともとれるような話をずっとしていました。

ともこさんは、なんとなく黙って話を聞いていましたが、ふとした瞬間、くるくるとフォークに巻き付けたパスタを口に運んでいるときに、ある考えがひらめきました。

「あ、なんだか美味しくない」

(美味しさは、味覚だけでなく、その他の感覚器からの情報も合わせて判断されるので、誰と食べるか、どのような話をしながら食べるか、などの環境によっても左右されます[*42])。

そして、その次に浮かんだのは、残念そうにつぶやかれた婚約者の言葉でした。

「ゆっくり考えたらいいよ」

ともこさんは、その後、じ〜っと、目の前にいる男性の顔を見てみました。すると今度は、このような考えが浮かんできました。

「この人の、どこが良かったんだろう？」

その男性とはレストランで別れ、一人電車を乗り継ぎ、帰路につきましたが、最寄り駅から少し歩きだしたところで、

「あ、……」

いつの間にか雨があがっていることに気づきました。空を見上げると、星も出ています。出ているどころか、いつもよりもずっとたくさんで、まるで星が降ってくるかのように感じました。

「うわー、きれいだなー」

そしてふと携帯を手にとると、不在着信が入っています。メッセージも届いていて、婚約者からのものでした。

「間違って押しちゃった。ゴメンネ！　何でもないです」

ともこさんは、すぐに婚約者に電話をかけました。

「もう一度、初めて出会ったように、一から付き合いなおしてほしい！」

そう思ったのです。ともこさんの恋愛観そのものが変わった瞬間でした。

心の奇跡

誰かと誰かが出会う、ただそのことだけがきっかけになり、これまで不安定な愛着スタイルで人と関わっていた人が、安定した愛着スタイルで人と関わるようになることがあります。

心のダークサイドがかなり優勢で、人を軽視し、退け、嫌味ばっかり言っていたような人であっても、ある出会いがきっかけで一転し、突如、人を敬い、受け入れ、優しい言葉をかけるような、ハピネスサイドの住人になることもあります。

私はこのような現象を心に起きる奇跡だと思っています。

ありそうもないことは、あり得ないことではない。

これは、ニューヨーク在住の心理学者、マリア・コニコヴァの言葉です。

ありそうもないことでも、実際にあり得たとしたら、そこにも何か、科学的な根拠を見つけることも、できるのではないでしょうか。

幸運のポトス

2年ほど前のことです。がっかりするようなことが続き、

「人生は壁の連続だな」

「なんだか疲れちゃった」

と、落ち込んだ気分になったことがあります。

肩を落とし、最寄り駅の改札を通り抜けたのですが、そのとき不思議なことに、他界した祖父母の存在を身近に感じました。そしてふと、閉店の準備にかかっている花屋さんのポトスに目がとまり、

「連れて帰りたい」

という気持ちになりました。

祖父母のもの言わぬ笑顔に見守られているような心地で、ポトスを一鉢買い求め、こうして、我が家の窓辺に〝幸運のポトス〟がやってきました。

その日から、驚くほど良いことが続いたのです。

数で言えば8勝3敗、といったところ。がっかりしたことは3件続いていたのですが、その後良いことが、なんと8件も続いたのです。

特別な世話をしているわけではないのですが、ポトスはどんどん葉を伸ばし、少し切って、水栽培で増やすことにしました。

ガラスの花瓶に入れて、根が十分に伸びてきたら、小さな鉢に植え替え、誰かにあげています。

そして不思議なことに、しばらくすると、ポトスをプレゼントした人から、

「良いことが続いている」

という報告を受けます。

報告を受けた私は、

「その人に、もっといいことが続きますように」

と祈り、窓辺のポトスを眺めて
「ああ、幸せだな」

と思うことにしています。


先日などは、無理をしてあばら骨にヒビが入り、笑うのもちょっと辛い、ということもあったのですが、幸運の報告を受ければ、同じように、

「その人に、もっといいことが続きますように」

と祈り、窓辺のポトスを眺め、

「ああ、幸せだな」

と思いました。

何の思惑もなく、ただ幸せを感じるということは――体調によっては、スッとはいかない日があったとしても――、なかなかいいものだと思います。心が安らぎます。

そうだ！ 幸せになろう

繰り返しになりますが、私たちは、つながる力をもともと持った状態で生まれてきます。しかし、この力が持つ素晴らしさや可能性について、気づいていない人もたくさんいます。

孤立不安、嫌な記憶、天敵、気持ちのすれ違い、悪口・評判、階級社会……。どこか油断できない現代社会では、心をダークサイド寄りにすることにばかり意識が向いてしまいます。私たちに受け継がれてきた内なる力、その力のネガティブな面ばかりが、活発に働いてしまうのです。

しかしもう、このことを私たちは、知りました。だから解決もできます。

そして、心を落ち着けて、周りを見渡してみれば、私たちは、衛生的で、教育システムの整った、豊かな国、日本[*43]に暮らしています（これだって、私たちが先人から受け継いだ大きな恩恵のひとつですね！）。

身近な環境の豊かさに感謝し、受け継がれた力のポジティブな面に気づいて、積極的に活用していきましょう。

人は、間違えるし、すれ違います。成功者と呼ばれるような人や、どんなお金持ちでもそうです。嫌な思いをすることも、させてしまうことも、お互いにたくさんあります。だからこそ、一人ひとりの〝もう一度幸せに向かおうという思い〟が、大切なのだと思います。

間違えたとき、すれ違ったとき、嫌な思いをしたとき……。
どんなときでも私たちは、もう一度、心にこう決めることができます。

そうだ！　幸せになろう。

私たちは、何度でも、「よし、もう一度！」と、心に決めることができるのです。

最後に、これからも、ハピネスパワーに満ちた、ハピネスサイドの住人であり続けるために、簡単でとっておきの方法をご紹介しましょう。
それは、次の言葉を毎朝3回唱える、[*44] というものです。

「なんて幸せなんだろう！　毎日そう思う」

朝起きたら、毎日、この言葉を繰り返し唱えてみてください。もう本当に簡単で、誰にでもすぐにできることですが、たったこれだけのことで、ハピネスサイドのスイッチはオンになり、出会いと奇跡に満ちた日々が続いていきます。

この本を手にとり、最後まで読んでくださって、ありがとうございます。
同じ時代に生き、働き、愛し、笑うあなたが、今日も幸せでありますように。

見逃さないで！　あなたの人生に、起きている奇跡を。

付録

あなたの人生に奇跡を起こす！30のハピネス習慣

本書で紹介したハピネスパワーのポイントを日常生活に取り入れるための思考術や行動の例をまとめています。このまま何か一つでも試したり、自分に合った活かし方を見つけるヒントとして、ご活用ください。

ハピネスパワーのポイント　その❶

孤立不安は進化の置き土産。私たちの心身の特徴が、まだ現代的な生活に追いついていないだけ。ポツンとすることがあっても大丈夫。

ハピネス習慣①
ポツンとする怖さを感じたら、「あ、進化の置き土産だ！」と思う

ハピネス習慣②
狩猟採集生活のサバンナをイメージし、自分の暮らしとの違いを実感する

ハピネス習慣③
新しい環境が始まるときは、「一人で何かするのが好きで、すぐにポツンとしちゃうタイプなんです」と前もって伝えておく

ハピネスパワーのポイント　その❷

孤立不安は、誰かを頼って！　というメッセージ。
助け合い、つながり合うためのハピネスパワーに変える。

ハピネス習慣④
寂しさを感じたら、ホッとできるような人に電話をかけて、「ちょっと声を聴きたくなって」と少しだけ話す

ハピネス習慣⑤
よく行くお店やカフェの、感じのいい店員さんと、二言三言、他愛もない会話を交わす

ハピネス習慣⑥
スーパーやコンビニエンスストアの店員さんからおつりやレシートを受け取るときに、自分も「ありがとう」と伝える

ハピネスパワーのポイント　その❸

日々の暮らしを〝観察〟して、記憶すべき、幸せな出来事をたくさん見つける。

ハピネス習慣⑦
いつもの通り道を〝観察〟しながら歩いて、素敵な発見をたくさんする

ハピネス習慣⑧　いつも一緒に働いている人や、家族、友人など、身近な人のいいところに気づく

ハピネス習慣⑨　夜、布団に入ったら、今日の良かった出来事を思い出す

ハピネスパワーのポイント　その4

左の手のひらに、幸せの記憶フォルダーを携帯する。

ハピネス習慣⑩　左の手のひらに、幸せの記憶フォルダーを持っているイメージをする

ハピネス習慣⑪　後で活用したい幸せな出来事は、厳選して、幸せの記憶フォルダーにストックし、必要であればいつでも手のひらを開き、呼び出し、活用する

ハピネス習慣⑫　楽しい出来事や気づいたたくさんの小さな幸せは、いつでも読み返せるように、自分宛にメールし、ストックしていく

ハピネスパワーのポイント　その❺

臆病さは、生き抜いていくための力。
できる範囲で快適に、自分らしく、泳ぎ続けていけばいい。

ハピネス習慣⑬

天敵のような人に恐怖心や不安を感じたら、「生き残るための力が働きだしたんだな！」と考える

ハピネス習慣⑭

天敵のような人に嫌なことを言われたら、すぐに手を洗う*45

ハピネス習慣⑮

天敵のような人に何かを言う必要があれば、小さなタオルを握りながら言う*46

ハピネスパワーのポイント　その❻

当たり前のように過ごしている場で、自然で軽やかな声をかける。

ハピネス習慣⑯

席の近い人に、「おはよう」「お疲れさま」など、自然で軽やかな声かけをする

ハピネス習慣⑰
気が張ってきたら、奥歯の噛みしめや眉間の緊張を解き、少し口角を上げる*47

ハピネス習慣⑱
カレンダーやコーヒーカップなどは、クスッと笑えるようなものや、心が和むようなものを使う

ハピネスパワーのポイント　その❼
穏やかな笑顔には、直感的に心をつなぐ力がある。

ハピネス習慣⑲
すれ違いが起きてしまったらまず、「人は間違えるし、すれ違うものだ」と考える

ハピネス習慣⑳
身近な人とのすれ違いが起きたら、楽しく過ごしたときを思い出したり、楽しく過ごしたときの写真を見る

ハピネス習慣㉑
すれ違ってしまったときこそ、笑顔を心掛ける

ハピネスパワーのポイント　その❽

ソフト・インテリジェンスなポーズは、受け入れ合う感性を高める。

ハピネス習慣㉒

身近な人とすれ違いが生じ、関係を修復したいと思ったら、腕や手のひらを広げ、穏やかな笑顔で迎えてみる

ハピネス習慣㉓

普段から、話しかけられれば、手をとめて、顔だけでなく、身体も相手へ向ける

ハピネス習慣㉔

相手が、相談事があるようであれば、ゆったりと腰掛け、頷きながら聞く

ハピネスパワーのポイント　その❾

大事な判断をする際は、心のダークサイドにある〝要確認〟ランプも点灯する。

ハピネス習慣㉕

大事なことを決めるときは、誰が相手であっても「即決しない」と決めておく

ハピネス習慣㉖
大事なことを決めるときは、ネガティブな予測も含め、「起こり得るあらゆる可能性を検討する」と決めておく

ハピネス習慣㉗
大事な決定をする際、「あの人ならどう思うか？」と、第三者の客観的な視点をイメージする

ハピネスパワーのポイント　その⑩

ネガティブな情報やマイナスな感情が押し寄せてきたら、そっと誰かの幸せを祈る。

ハピネス習慣㉘
嫌な思いをして、その原因をつくった人のことを思い出してしまったら、あえて「その人の健康と幸せを祈る」と決めておく

ハピネス習慣㉙
社会や将来に悲観し、不安を感じたら、まだ会ったことのない誰かの健康と幸せを祈ってみる

ハピネス習慣㉚
ふと時間が空いたときはいつでも、身近な人の健康と幸せを祈る

epilogue

Okay then! Let's find happiness.

You can achieve happiness right now.

Over the course of your life,

many miraculous encounters will take place.

そうだ！　幸せになろう

あなたは、直ぐにでも、幸せになることができる

あなたがこれから進む人生には、

奇跡を生む沢山の出会いが待っています

Don't be ashamed of loneliness,
for it provides an opportunity
to seek happiness.

寂しさを感じることは、恥ずかしいことではなく
幸せに向かうひとつのチャンス

People make mistakes and people disagree.
That's why it's important
that we all keep striving for happiness.

人は、間違えるし、すれ違います。
だからこそ、一人一人の
"もう一度幸せに向かおうという思い"
が大切です

Carry happy memories in your left hand
at all times.
If you observe them closely,
every day will be filled with great experiences.

左の手のひらに幸せな記憶を携帯しましょう。
ただ見るのではなく、観察してみれば、
日々の生活は、幸せな体験に満ちています

Extreme happiness that brings tears is
hidden where you least expect it.
Especially in the everyday activities and
relationships we take for granted.

身近な人と何気なく過ごしている日々。
涙が思わず溢れてくるようなこの上ない幸せは、
そんな日常の中にこそ、隠れています

Hello. Let's make it a good day.
Do you want some coffee?
Oh, look at the time.
We worked hard again today.
It's about time to go home. Have a good night.
Thanks for the help earlier.

The smallest greeting brightens up any place.
Even when nobody notices,
a sense of calm creates a ripple effect.

おはよう。今日もよろしく。
コーヒーとってくるけど、いる?
あ、もうこんな時間か。今日もよく働いたなー。
そろそろ帰ろうかな。お疲れさま。
さっきは助かったよ。ありがとう。

ちょっとした声掛けで、その場をほんの少し
良い場所にすること。その場で気づく人はいなくても、
安心感の波紋が広がっていきます

Happiness

Food tastes more delicious to you
You feel warm inside when a puppy passes by
You smile inside when you see people laughing
You look at the night sky
and find the stars beautiful
You consider sudden phone calls a blessing
You're excited about every step you take
You're thankful for the clean feeling you get
from the water that washes your hands.

Happiness leads us to more happiness.
Deepening your connection to this world
Will make leading a good life easier.
You'll be more radiant and attractive to others
And life will be all the richer.

幸福感

食事をより美味しく感じ

通り過ぎる子犬をかわいいと感じ

人々が笑い合う姿に心の中で微笑み

夜空の星々をきれいだなと見上げる

急な電話も人生の素敵な出来事のひとつだと感じるし

一歩一歩、歩く感触の心地よさを楽しみ

手を洗う水の気持ちよさに感謝する

幸福感は、私たちをさらに幸福感を起こさせる刺激に

向かわせます。世界とつながりを深めること

良い気分で過ごすことに向かいやすくなり

健康的に見えるのでパートナーとしても選ばれやすく

繁栄にもつながります

To you who lives, works, laughs,
and loves in this lifetime,
I wish the happiest of days.

同じ時代に生き、働き、愛し、笑うあなたが
今日も幸せでありますように

注釈・引用文献・参考文献

1 世界幸福度報告（World Happiness Report）：（国際連合 ,2017）。150 以上の国や地域を対象とし、2012 年から毎年発行されている。自分の幸福度が 0 から 10 のどの段階にあるかを答える世論調査の平均値をもとに、報告においては、この幸福度を、GDP 他、6つの説明変数を用いて分析している。2017 年発表の結果では、日本は、5.92 ポイントで先進国最下位。全体では 51 位。
http://worldhappiness.report/wp-content/uploads/sites/2/2017/03/HR17_3-20-17.pdf

2 先進国の子どもたちに関するレポート（An overview of child well-being in rich countries)：（ユニセフ・イノチェンティ研究所,2007)。子どもの「幸福度」に関する報告書において「自分は孤独(the statement 'I feel lonely')だ」と答えた 15 歳の子どもの割合が日本は 29.8%で、調査対象となった 24カ国中 1 位に。平均は 7.4%。2 位は、アイスランドで 10.3%。日本が好成績となったのは、科学の学習能力：1 位や、乳幼児の予防接種率（はしか） 1 位など。http://www.unicef.or.jp/library/pres_bn2007/pdf/rc7_aw3.pdf

3 WOMEN AND MEN IN OECD COUNTRIES：（OECD,2006） 経済協力開発機構（OECD）による調査報告書によると、日本の社会的孤立（Social isolation） は、調査対象 21カ国中 1 位。特に男性が顕著で、16.7%。2 位はチェコ（9.7%）。
http://www.oecd.org/std/37962502.pdf#search=%27WOMEN+AND+MEN+IN+OECD+COUNTRIES%EF%BC%88OECD%2C2006%EF%BC%89%27

4 平成 27 年労働安全衛生調査：（厚生労働省 ,2016） 厚生労働省による労働安全衛生行政を推進するための実態調査。「現在の仕事や職業生活に関することで強い不安、悩み、ストレスになっていると感じる事柄がある」と回答した労働者の割合は 55.7% と、前回の調査よりも 3.4% 増加。その内容として「対人関係」という回答も 36.4%と高く、前回の調査よりも増加している。
http://www.mhlw.go.jp/toukei/list/h27-46-50.html

5 乳児は、誕生から1カ月の間に、自発的微笑が見られ、母子間の交流として、母親に誕生に伴う絆の形成、赤ん坊の応答性への気づきが見られる。1カ月半から3カ月の乳児には、社会的微笑もみられ、環境が応答性であることを知り、母親には、身体的関係性を通じた情動の交換がみられる。

河合優年「乳児の感情」（2007） p.54 高橋惠子・河合優年・仲真紀子（編）『感情の心理学』放送大学教育振興会

6 Aknin et al.（2012） が行った実験。22 カ月児を対象に、自分がお菓子をもらったときや、自分がお菓子を相手にあげたときの喜びの表情を録画し、評価・分析した。その結果、子どもたちは、自分がお菓子をもらったときよりも、自分のお菓子を相手に分け与えたときのほうが、嬉しそうな表情をすることが確認できた。

Aknin, L. B., Hamlin, J. K., & Dunn, E. W.（2012）. Giving leads to happiness in young children. PLoS ONE, 7, e39211.

7 体験談を提供してくださった方のプライバシーに配慮し、仮名を使用。本書の内容に影響がない程度に許可を得て若干の設定変更を行った。

8 進化心理学：人間の心理について、進化生物学における適応の歴史から説明する心理学。心がどのような淘汰圧に対して適応してきたのかということを考えることで、心についての理解がより深まるという視点から、人間の行動を研究しようとするのが、進化心理学（evolutionary psychology）である。

小田亮「進化と人間行動」（2013） pp.19-20 五百部裕・小田亮（編）『心と行動の進化を探る：人間行動進化学入門』朝倉書店

9 人間関係には様々な関係があるが、人が生まれて初めて築く関係は親子関係であり、その関係を経て友人関係や 恋人関係などを築いていく。安定的な愛着スタイルを示す関係性は、不安定な愛着スタイルを示す関係性に比べて、高いレベルの関係安定性と関係満足感があり、パートナーの行動にも、ポジティブな期待感をもつ。
ロバート・スタンバーグ　カリン ヴァイス（編集）， Karin Weis Robert J. Sternberg（原著）和田実・増田匡裕（翻訳）『愛の心理学』（2009）北大路書房

10 「医師についたウソ、つかれたウソ」（日経メディカルオンライン編集部 ,2011）
医療従事者向けの専門サイトである日経メディカル オンライン編集部が行った調査では、患者の59.4%が「医師に嘘をついたことがある」と回答し、嘘の内容としては、「症状に関して思い当たる原因(36.4%)」「服薬状況(34.0%)」「飲酒・喫煙などの生活習慣(31.6%)」「受診時の症状(29.1%)」などが上位に挙がった。http://medical.nikkeibp.co.jp/

11 感染症の疑いがあるとして約1年半の間、他のチンパンジーから隔離され飼育されていたチンパンジーがうつ状態のようになった。また、実験室で3年以上個別飼育されていたチンパンジーは、群れに戻す際、そうでないチンパンジーと比較して、ストレスホルモン分泌量が高かった。孤独状態がストレス反応を亢進させると考えられる。
山本高穂「脳の進化から探るうつ病の起源」（2014）『第11回 日本うつ病学会市民公開講座・脳プロ公開シンポジウム in HIROSHIMA 報告書』（2014）日本うつ病学会・文部科学省「脳科学研究戦略推進プログラム」

12 進化的適応環境：現代人のもつ生物学的特徴が進化してきた環境のことを進化的適応環境、（EEA：environment of evolutionary adaptedness）と呼んでいる。ヒト属が現れてから農業の起源までの約200万年間の環境を考えることが一般的である。
小田亮「進化と人間行動」（2013）p.14 五百部裕・小田亮（編）『心と行動の進化を探る：人間行動進化学入門』朝倉書店

13 京都大学・野生動物研究センターの中村美知夫准教授は、重度で先天的障害のある野生のチンパンジーの赤ちゃんを母親と姉が協力して育てる様子を世界で初めて観察し、発表している。（プリマーテス・2015）
松沢哲郎・長谷川寿一（編集）『心の進化—人間性の起源をもとめて』（2000）岩波書店
明和政子　霊長類としてのヒトの子育てを考える（特集 みんなで子育て 心理学からの提言）心理学ワールド（62），9-12, 2013-07　日本心理学会

14 妊娠から出産にかけて分泌量が増えるエストロゲンは、出産を境に急減し、母親の脳では神経細胞の働き方が変化し、不安や孤独を感じやすくなる。人類が進化の過程で確立した共同養育という独自の子育てスタイルには適しており、本能的に「仲間と共同養育したい」という欲求を感じる。
NHKスペシャル取材班『ママたちが非常事態!? 最新科学で読み解くニッポンの子育て』（2016）ポプラ社

15 University of Wisconsin － Madison の Leslie Seltzer らは、厳しい状況に直面した後に、母親から電話をもらって話すと、抱きしめられるのと同じくらいのオキシトシン分泌とコルチゾールの低減が見られることを確認した。
Leslie J. Seltzer, Toni E. Ziegler, Seth D. Pollak. Social vocalizations can release oxytocin in humans. Proceedings of the Royal Society B: Biological Sciences, 2010; DOI:

16 Strack, Martin らは、笑顔をつくることで、楽しくなってくる情動変化を確認している。
Strack, F., Martin, L. L., & Stepper, S. Inhibiting and facilitating conditions of the human smile: a non-obtrusive test of the facial feedback hypothesis.（1988）Journal of

Personality and Social Psychology , 54 , 768-777.

17 エビングハウスの忘却曲線：Hermann Ebbinghaus によって、1885年に提唱された、長期記憶の研究成果をグラフ化したもの。意味のない３つのアルファベットからなる文字列のリストを覚え、そのリストを１日ごとに復習し、再度覚えるための手間を計測した。その結果、節約率は、20 分後には 58%、1 時間後には 44%、1 日後には 26%、1 週間後には 23%、1 ヶ月後には 21% となった。
ヘルマン・エビングハウス（著）望月衛（閲）宇津木保（翻訳）『記憶について―実験心理学への貢献』（1978）誠信書房

18 エピソード記憶：事実と経験を保持する宣言的記憶の一部であり、あるエピソードを一回体験しただけで、それを記憶する。時間や場所、そのときの感情が含まれる。
エリック・R・カンデル ラリー・R・スクワイア（著），小西 史朗（監修） 桐野 豊（監修）『記憶のしくみ 上』（2013）講談社

19 Daniel Kahneman によると、人は、一日に２万もの瞬間を経験しており、瞬間は２、３秒続く。
Kahneman,D.（2002）. A day in the lives of 1,000 working women in Texas.
ドナルド・O・クリフトン トム・ラス（著）高遠 裕子（翻訳）『心のなかの幸福のバケツ』（2005）日本経済新聞社

20 ゼブラフィッシュという体長 4 ～ 5cm の小型魚と、その天敵である大型肉食魚を同一の水槽内で飼育し、1 ヵ月後、水槽にゼブラフィッシュのみを入れた正常な状態で飼育した個体と行動の 様子を比較したところ、正常な状態で飼育したゼブラフィッシュは水槽内を自由に泳ぎ回ったのに対し、大型肉食魚と飼育したゼブラフィッシュは水槽内の底に留まってほとんど動かず、食欲や繁殖力の低下も見られた。そのような状態になったゼブラフィッシュは正常な状態で飼育したゼブラフィッシュに比べ、体内のストレスホルモン量が2倍以上に増加していることも明らかになった。
山本高穂「脳の進化から探るうつ病の起源」（2014）『第 11 回 日本うつ病学会市民公開講座・脳プロ公開シンポジウム in HIROSHIMA 報告書』（2014）日本うつ病学会・文部科学省「脳科学研究戦略推進プログラム」

21 威嚇顔検知優先性：人は、喜怒哀楽、様々な表情の顔が並んだ状況の中で、怒った顔を最も早く認知しやすい。異なった国の人々で、写真や絵などを使った実験の結果、人間に普遍的な特性であると考えられている。
小林朋道『ヒトの脳にはクセがある：動物行動学的人間論』（2015）新潮社

22 行動生態学者 Lee Dugatkin は、観賞魚として知られるグッピーを肉食魚と出会った反応によって、「臆病」「普通」「大胆」の3タイプに分けて、捕食魚存在下での生存率を比較したところ、60 時間後、「大胆」なグッピーは１匹も残らず、「普通」は 15%、「臆病」は 40%が残った。
小林朋道『ヒトの脳にはクセがある：動物行動学的人間論』（2015）新潮社

23 感情が伝達されていくことを情動伝染（Emotional Contagion）と言う。情動伝染によって、他者の危険信号を感知することで、自身の危険を回避し、身を守ることにもつながると考えられている。ヒトに限らず、哺乳類に広くみられる現象。
山本真也「ヒトはなぜ助け合うのか」（2013）p.45 五百部裕・小田亮（編）『心と行動の進化を探る：人間行動進化学入門』朝倉書店

24 ミラーニューロン：自分がある行動をしていても、他者がその行為をするのを見ていても、同じように活動する神経細胞。他者の行動やその目的、それに伴う情動などを理解する際も、高度な知的システムで分析するまでもなく、自分の体験に照らして理解することができる。
山本真也「ヒトはなぜ助け合うのか」（2013）p.47 五百部裕・小田亮（編）『心と行動の進化を探る：人間行動進化学入門』朝倉書店

25 人間の脳には2つの思考モードがあり、ひとつは、迅速な思考で、システム１と呼ばれている。自動的に高速で働き、自分のほうからコントロールしている感覚はない。

Kahneman,D(著),村井章子（翻訳)『ファスト&スローあなたの意思はどのように決まるか？(上)』(2014) 早川書房

26 人間の脳には2つの思考モードがあり、もうひとつは、遅い思考で、システム2と呼ばれている。複雑な計算など頭を使わなければできない困難な知的活動に注意を割り当てる。代理、選択、集中などの主観的経験と関連づけられることが多い。

Kahneman,D(著),村井章子（翻訳)『ファスト&スローあなたの意思はどのように決まるか？(上)』(2014) 早川書房

27 認知の節約：脳は大量の情報を処理しなければならないため、できるだけエネルギーを節約するために、思考においてショートカットする傾向があり、認知の節約と表現されている。そのため、思考モードのうち、システム2よりも、システム1でほとんどの判断を済ませている。

箱田裕司・都築誉史・川畑秀明・萩原滋(著)『認知心理学(New Liberal Arts Selection)』(2010) 有斐閣

28 ソフト・インテリジェンス：ビジネススキルといった技能、技術に対し、お互いの違いや行動にいちいち怒ったり不快になったりしない柔軟性、受け入れ合う感性。

晴香葉子『2回目からは、スーツのボタンは外しなさい』(2016) 潮出版社

29 表情は、相手の顔面運動や自律神経系の反応を引き起こし、その表情をしている人には、その表情に合わせた情動を喚起させる「顔面フィードバック効果」がある。

山田寛「表情」(2007) pp.66-67 高橋惠子・河合優年・仲真紀子（編)『感情の心理学』放送大学教育振興会

笑顔は本能的な行動であり、社会的な絆を生み出す。普遍的でどの文化に属する人も笑う。

Susan Weinschenk（著）, 武舎広幸・武舎るみ（翻訳)『説得とヤル気の科学 最新心理学研究が解き明かす「その気にさせる」メカニズム』(2014) オライリージャパン

30 相互的で共同関係的な応答性：質の高い愛の関係性を特徴づける対人過程で、ある人物が自身のパートナーに対して、共同関係的な応答性を示している行為が、お互いに繰り返し行われるもので、無条件の場合、その行為は愛の感覚に寄与していると言える。その応答性により、これまでの安心感が引き続き存在していると感じる。

ロバート・スタンバーグ カリン・ヴァイス（編集）, Karin Weis Robert J. Sternberg（原著）和田実・増田匡裕（翻訳)『愛の心理学』(2009) 北大路書房

31 涙は、抑えていた感情を解放し、体内からストレスホルモンを排出。心身ともにスッキリし、ストレスを緩和する効果があり、相手の攻撃性も低下させると考えられている。

山本真也「ヒトはなぜ涙を流すのか」(2013) pp.85-104 五百部裕・小田亮（編)『心と行動の進化を探る：人間行動進化学入門』朝倉書店

32 Justin Feinstein ら、University of Iowaの研究者は、扁桃体と呼ばれる脳内領域は、恐怖感をどの程度司っているのかについて検討した。症例研究の対象となった患者は、稀な疾患を有し、扁桃体が破壊されていた。お化け屋敷、ヘビ、クモ、ホラー映画などの恐怖を与えるものに対する患者の反応を観察したほか、命にかかわる状況、過去のトラウマとなる体験について患者に尋ねた。その結果、扁桃体が機能しないと、患者が恐怖感を得られないことを突き止めた。

Justin Feinstein「Current Biology」(2010)

33 ブローカ野は、ホモハビリス（200万年前くらい～）の化石にも見られるが、ホモハビリスは、現生するヒトへは進化することなく絶滅した。

松本直子「考古学で探る心の進化」(2013) pp.131-164 五百部裕・小田亮(編)『心と行動の進化を探る：人間行動進化学入門』朝倉書店

34 不公平回避：ヒトには、平等社会が尊重されるなど、公平さへの志向性がある。ヒトの特徴として、自分が相対的に損をする不公平状況を回避するだけでなく、自分が相対的に得をする不公平状況も回避しようとすることが知られている。

山本真也「ヒトはなぜ助け合うのか」(2013) pp.49-50 五百部裕・小田亮(編)『心と行動の進化を探る：人間行動進化学入門』朝倉書店

35 アフリカ大陸東部、タンザニアのサバンナの狩猟採集民ハッザの人々は、得られた食料は共に暮らしている集団全員で平等に分け合う習慣を持ち、平等で助け合って生きるという社会基盤が、孤独やうつ病を発生させない状況を作り出していると考えられる。

山本高穂「脳の進化から探るうつ病の起源」(2014)『第11回 日本うつ病学会市民公開講座・脳プロ公開シンポジウム in HIROSHIMA 報告書』(2014) 日本うつ病学会・文部科学省「脳科学研究戦略推進プログラム」

36 フリーライダー問題：費用を負担することなく、公共財やサービスからの利益を受ける、ただのりをしている状態の者。不公平感が高まる原因になり、互恵性の維持に問題が生じる。

山本真也「ヒトはなぜ助け合うのか」(2013) p.51 五百部裕・小田亮(編)『心と行動の進化を探る：人間行動進化学入門』朝倉書店

37 自己充足型の個人主義者：自分自身の欲求および目標を他の人々の欲求及び目標よりも優先する。この傾向が強ければ、恋愛関係における幸福感が低く、夫婦関係における幸福感も低い。病んでいる親に対して世話をするときは、愛情よりも義務に感じる。

ロバート・スタンバーグ カリン・ヴァイス(編集), Karin Weis Robert J. Sternberg(原著) 和田実・増田匡裕(翻訳)『愛の心理学』(2009) 北大路書房

38 祈りの心理効果：ポジティブな祈りには、多幸感や快感をもたらす脳内快感物質、ベータエンドルフィン、ドーパミン、オキシトシンなどが分泌される。体の免疫力が上がり、記憶力が高まり、集中力が増す。

中野信子『脳科学からみた「祈り」』(2011) 潮出版社

39 元カリフォルニア大学の心臓学教授、ランドルフ・ビルドが393人の患者を対象に、サンフランシスコ総合病院で行った実験。患者をランダムに2グループに分け、片方のグループには他者から祈りを捧げ、もう片方のグループには何も行わなかった。他者から祈ってもらった患者グループのほうが、祈ってもらわなかった患者グループに比べて、良い影響があった。

Larry Dossey(著) 上野 圭一・井上 哲彰(翻訳)『魂の再発見 聖なる科学をめざして』(1992) 春秋社

40 身に着ける服や靴などふと目に入る情報は、情動変化をもたらす。

晴香葉子『小さなことに落ち込まない こころの使い方』pp.55-56 (2014) 青春出版社

松田隆夫・宮田久美子・松田博子・高橋晋也『色と色彩の心理学』(2014) 培風館

41 ヴァージニア大学の研究所にてJim B. Tucker氏をはじめとする専門家が、数千もの事例を長年調査研究した結果では、転生の証拠と見られる現象はあり、平均的には、15カ月ほどで、生まれ変わっていると発表されている。生まれてきた子どもには先天的な母斑などが見られ、前世の人物の、死亡時の身体的特徴と酷似していることもあった。

Ian Stevenson(著) 笠原 敏雄(翻訳)『前世を記憶する子どもたち』(1990) 日本教文社

Jim B. Tucker(著) 笠原 敏雄(翻訳)『転生した子どもたち ヴァージニア大学・40年の「前世」研究』(2006) 日本教文社

42 美味しさの要因は食べ物の状態と食べる人の状態に分けて考える必要があり，それぞれ様々な要因がある。
高橋亮・西成勝好「おいしさのぶんせき」p.389（2010）『ぶんせき 9』日本分析化学会

43 先進国の子どもたちに関するレポート（An overview of child well-being in rich countries）（ユニセフ・イノチェンティ研究所 ,2007）。子どもの「幸福度」に関する報告書において「自分は孤独（the statement 'I feel lonely'）だ」と答えた 15 歳の子どもの割合が日本は 29.8%で、調査対象となった 24 カ国中 1 位になったものの、科学の学習能力 1 位や、乳幼児の予防接種率（はしか）1 位など、衛生や教育、経済面では、日本は好成績となった。http://www.unicef.or.jp/library/pres_bn2007/pdf/rc7_aw3.pdf

44 自己暗示やアファメーション（こう在りたいという願望を「～になっている」といった断定した言葉で繰り返し唱えることで、潜在意識に働きかけ現実を作り出す手法）。予言の自己成就（予言した人やそれを受け止めた人が、意識的又は無意識に、その言葉に沿った行動をとることで、予言が的中すること。予期したものが真実に基づくものではなくても、事実へと変わることがある）、ラベリング（あなたはこういう人だと、ラベルを貼るように言われることで、意識的にも無意識的にもその言葉の通りになっていくこと）などの効果があると考えられる。
池田謙一・唐沢穣・工藤恵理子・村本由紀子（著）『社会心理学（New Liberal Arts Selection）』（2010）有斐閣

45 身体化認知：身体感覚や身体運動が認知情報処理に影響することを身体化認知と言う。人から嫌なことを言われたときなどは、すぐに手を洗うと、ネガティブな記憶もすっきりと洗い流し、薄れさせる効果がある。
晴香葉子『小さなことに落ち込まない こころの使い方』p.107（2014）青春出版社

46 ライナス効果：ふわふわしたタオルを握ると心が落ち着き、目の前にあることの困難さが低減する。スヌーピーの仲間、ライナスが心を落ち着けるために常に持ち歩いている毛布から、"ライナス効果"と言われている。
晴香葉子『小さなことに落ち込まない こころの使い方』p.103（2014）青春出版社

47 口角を上げて笑顔を作ると、快感情に関係した神経伝達物質ドーパミン系の神経活動に変化が生じ、楽しい気分になる。セロトニンなどのホルモンも分泌し、幸せな気持ちになる効果もあると考えられている。
晴香葉子『小さなことに落ち込まない こころの使い方』p.72（2014）青春出版社

参考文献

アーサー・コナン・ドイル（著）深町眞理子（翻訳）『シャーロック・ホームズの冒険』（2010）東京創元社
アレン・クライン（著）片山陽子（翻訳）『笑いの治癒力』（1997）創元社
ウォルター・アイザックソン（著） 二間瀬敏史（監訳）関宗蔵・松田卓也・松浦俊輔（翻訳）『アインシュタイン その生涯と宇宙』（2011）武田ランダムハウスジャパン
アリス・カラプリス（編集・原著） 林一・林大（翻訳）『アインシュタインは語る』（2006）大月書店
アレクシー・カレル（著） 中村 弓子（翻訳）『ルルドへの旅・祈り』（1983）春秋社
岡部昭子『心を磨くグレース・ケリーの言葉』（2011）マガジンハウス
五百部裕・小田亮（編）『心と行動の進化を探る：人間行動進化学入門』朝倉書店
池田謙一・唐沢穣・工藤恵理子・村本由紀子（著）『社会心理学（New Liberal Arts Selection）』（2010）有斐閣
ウィリアム・パトリック（著）ジョン・T・カシオポ（著）柴田裕之（翻訳）『孤独の科学――人はなぜ寂しくなるのか』（2010）河出書房新社
NHK スペシャル取材班『ママたちが非常事態!? 最新科学で読み解くニッポンの子育て』（2016）ポプラ社
串崎真志『共感する心の科学』（2013）風間書房
小林朋道『ヒトの脳にはクセがある 動物行動学的人間論』（2015）新潮社（新潮選書）
小林朋道『ヒトはなぜ拍手をするのか 動物行動学から見た人間』（2010）新潮社（新潮選書）
白取春彦（翻訳）『超訳 ニーチェの言葉』（2010）ディスカヴァー・トゥエンティワン
ジェリー・メイヤー（編集）ジョン・P. ホームズ（編集）『アインシュタイン 150 の言葉』（1997）ディスカヴァー・トゥエンティワン
ジョン・H・カートライト（著）鈴木光太郎・河野和明（翻訳）『進化心理学入門』（2005）新曜社
ジョン・P. ホームズ（編集）カリン バジ（編集）ディスカヴァー 21 編集部（翻訳）『世界一の毒舌家マーク・トゥエイン 150 の言葉』（1999）ディスカヴァー・トゥエンティワン
末永蒼生『心を元気にする色彩セラピー』（2000）PHP 研究所
鈴木公啓（編集）『パーソナリティ心理学概論 性格理解への扉』（2012）ナカニシヤ出版
鈴木光太郎『ヒトの心はどう進化したのか ―― 狩猟採集生活が生んだもの』（2013）筑摩書房
千住淳『社会脳の発達』（2012）東京大学出版会
荘厳舜哉『文化と感情の心理生態学』（1997）金子書房
高橋惠子・河合優年・仲真紀子（偏）『感情の心理学』（2007）放送大学教育振興会
デイヴィッド・スチュアート・デイヴィーズほか（著）日暮雅通（翻訳）『シャーロック・ホームズ大図鑑』（2016）三省堂
中島輝『エマソン 自分を信じ抜く 100 の言葉』（2017）朝日新聞出版
日本心理学会（監修）高木修・竹村和久（編集）『思いやりはどこから来るの？―― 利他性の心理と行動（心理学叢書）』（2014）誠信書房
長谷川寿一・長谷川 真理子『進化と人間行動』（2000）東京大学出版会
フリードリッヒ・ニーチェ『ニーチェ全集本巻』（2010）筑摩書房
ヘレン・ケラー（著）小倉慶郎（翻訳）『奇跡の人 ヘレン・ケラー自伝』（2004）新潮社
前原由喜夫『心を読みすぎる 心の理論を支えるワーキングメモリの心理学』（2014）京都大学学術出版会
増地あゆみ『社会でいきる心理学』（2011）ミネルヴァ書房

松沢哲郎・長谷川寿一（編集）『心の進化―人間性の起源をもとめて』（2000）岩波書店
松田隆夫・宮田久美子・松田博子・高橋晋也『色と色彩の心理学』（2014）培風館
マリア・コニコヴァ（著）日暮雅通（翻訳）『シャーロック・ホームズの思考術』（2016）早川書房
明和政子　霊長類としての ヒトの子育てを考える（特集 みんなで子育て 心理学からの提言）心理学ワールド（62），9-12，2013-07　日本心理学会
ラルフ・ウォルドー・エマソン（著）伊東奈美子（翻訳）『自己信頼』（2009）海と月社
レイチェル・ハーツ（著）綾部早穂（監修）安納令奈（翻訳）『あなたはなぜ「嫌悪感」をいだくのか』（2012）原書房
ロバート・スタンバーグ カリン　ヴァイス（編集・著）和田実・増田匡裕（翻訳）『愛の心理学』（2009）北大路書房
Helen　Keller（著）『We Bereaved（Classic Reprint）』（2017）Forgotten Books
水野敬也・長沼直樹（著）『人生はニャンとかなる！―明日に幸福をまねく68の方法』（2013）文響社
石角友愛『ハーバード式 脱暗記型思考術』（2015）新潮社（新潮文庫）
コナン・ドイル（著）石田文子（翻訳）『シャーロック・ホームズの冒険』（2010）角川書店（角川文庫）
ラルフ・ウォルドー エマソン（著）Ralph Waldo Emerson（原著）小田 敦子・武田 雅子・野田 明・藤田 佳子（翻訳）『エマソン詩選』（2016）未来社
ラルフ・ウォルドー・エマソン（著）伊東奈美子（翻訳）『自己信頼［新訳］』（2009）海と月社
弓場 隆（編集，翻訳）『アインシュタインの言葉　エッセンシャル版』（2015）ディスカヴァー・トゥエンティワン
フリードリヒ・ニーチェ（著）浅井真男（訳）『ニーチェ全集 第1期 第6巻 人間的な、あまりに人間的な・上』（1980）白水社
デール・カーネギー（著）香山晶（訳）『道は開ける 新装版』（1999）創元社
Emerson, Ralph Wald. Essays : Society and Solitude. Belknap Press, 2007. Print.

著者紹介

晴香葉子 作家・心理学者・心理コンサルタント。東京都出身。文学修士（コミュニケーション学）。学芸員資格取得。博士後期課程在籍中。早稲田大学オープンカレッジ心理学講座講師。企業での就労経験ののち心理学の道へ。研究を続けながら一人一人の幸せにつながり、広がる心理学について、様々な角度から情報を提供している。
所属学会：日本心理学会、日本産業ストレス学会他。日心連「心理学検定」１級。メディアでの心理解説実績や著書も多数。テレビ朝日『ニュースEX・auヘッドライン』にて悩み相談記事連載中。

ぜひ本書を手に取ってみてください。あなたの中にある「ハピネスパワー」が覚醒し、奇跡に満ちた人生が広がります。

そうだ！幸《しあわ》せになろう
人生《じんせい》には、こうして奇跡《きせき》が起《お》きる

2017年10月30日　第１刷

著　者　晴《はる》香《か》葉《よう》子《こ》
発行者　小澤源太郎

責任編集　株式会社 プライム涌光
電話　編集部　03(3203)2850

発行所　株式会社 青春出版社
東京都新宿区若松町12番１号 〒162-0056
振替番号　00190-7-98602
電話　営業部　03(3207)1916

印　刷　中央精版印刷　　製　本　大口製本

万一、落丁、乱丁がありました節は、お取りかえします。
ISBN978-4-413-23059-9 C0011